Dedicado al doctor Wil Baker,
     compañero de universidad de mis padres,
     quien ahora, décadas después, se ha convertido en un
     amigo sabio y confiable para mí.
El doctor Baker también es un importante mentor
     para Polly, así como de enorme influencia en la
     vida de nuestra familia.

ELOGIOS PARA *PERSPECTIVA*

«*Perspectiva* es una historia mágica que cambiará la manera en que ves la vida».

—Winston Groom, galardonado autor
del *New York Times* con *Forrest Gump*

«Leo una y otra vez todo lo que Andy Andrews escribe. Simplemente, él es mi escritor favorito».

—Margaret Kelly, CEO de RE/MAX

«Los asombrosos principios que Andy Andrews revela en sus libros constituyen gran parte del éxito que hemos podido lograr como sistema hospitalario. En *Perspectiva* asegúrate de prestar atención especial a su "Filosofía secreta de logro extremo". Esa perla única de sabiduría sigue produciendo extraordinarios resultados en nuestros empleados, tanto personal como profesionalmente, todos los días».

—John Heer, presidente y CEO de
North Mississippi Health Services;
y único ganador por tres veces en el
mundo del premio Baldrige

«Crianza de los hijos... creación de un negocio rentable a partir de cero... *Perspectiva* es un libro que tú y yo deberíamos comprar para cada caso. Regalemos este libro a tantas personas como podamos, ¡y empecemos hoy mismo a cambiar el mundo!».

—Tim Hudson, lanzador de los Braves
de Atlanta

«Andy Andrews es el más grande narrador de historias desde Mark Twain, y quizás nuestro maestro más interesante desde que Robin Williams interpretó a John Keating en la película *El club de los poetas muertos*. *Perspectiva* es otro éxito en su larga lista de triunfadores».

—Robert Mayes, presidente de Columbia
Southern University

«Si Andy Andrews viviera en Inglaterra, para este momento la reina lo hubiera nombrado caballero. Los libros de Andy, *todos*, ¡son así de buenos!».

—Louie Anderson, comediante y actor

«*Perspectiva* es mejor que *grandioso* y tiene el poder para cimentar por generaciones la dirección de tu familia. Andy Andrews se ha convertido en el maestro de los narradores de historias».

—Paul Westphal, antigua estrella de los Lakers, y entrenador de la NBA

«Con *Perspectiva* se ha clarificado que Andy Andrews posee este género. Una vez más ha creado una mezcla satisfactoria de principios que cambian la vida, uniéndolos a una trama fantástica. Andy ha transformado por cuenta propia la "novela inspirativa" en una forma de arte».

—Brenda Warner, afamada escritora y conferencista

«Padres, entrenadores, empleadores y empleados: ¡dejen lo que están haciendo y lean hoy este libro! Andy Andrews revela sabiduría poco común en cierta clase de sentido común. *Perspectiva* es una guía de vida que siempre has deseado para tu familia».

—Kurt Warner, mariscal de campo campeón del Super Bowl y locutor de NFL

«Andy Andrews es mi escritor favorito… el más favorito de todos».

—Robert Morris, pastor fundador de Gateway Church

«Si C. S. Lewis estuviera vivo hoy, su escritor favorito sería Andy Andrews».

—Sandi Patty, cantante, ganadora de más de 25 premios Grammy y Dove

PERSPECTIVA

PERSPECTIVA

*La diferencia entre una vida común
y una extraordinaria*

ANDY ANDREWS

GRUPO NELSON
Una división de Thomas Nelson Publishers
Desde 1798

NASHVILLE   DALLAS   MÉXICO DF.   RÍO DE JANEIRO

Editora en Jefe: *Graciela Lelli*
Traducción: *Ricardo y Mirtha Acosta*
Adaptación del diseño al español: *Grupo Nivel Uno, Inc.*
Traducción y adaptación del diseño al español: *Ediciones Noufront /
www.produccioneditorial.com*

ISBN: 978-1-60255-058-2

Impreso en Estados Unidos de América
13 14 15 16 17 RRD 9 8 7 6 5 4 3 2 1

Prólogo

Mi nombre es Andy Andrews. Soy padre y esposo. Soy amigo para algunos (bueno y leal, me gusta creer) y miembro de una pequeña comunidad en la costa del Golfo que cuenta con una población de aproximadamente cuatro mil habitantes cuando los turistas no están usando la playa.

También soy escritor y conferencista. Al ser un comunicador de profesión, me incomoda en gran manera incluirme o incorporar detalles de mi propia vida en un libro o una presentación, pero entiendo que en ocasiones es necesario. En ocasiones, por mucho que me gustaría que no fuera así, la verdad en su contexto completo simplemente no se puede percibir hasta que sobre el tapete estén todos los hechos, e inclusive las complejidades de cómo tales hechos se pueden percibir ahora y en el futuro.

Al comenzar esta historia, permíteme por favor admitir que no he encontrado ninguna otra manera de decir las cosas que la realidad. En consecuencia, por renuente que yo pueda ser a proyectarme como uno de los personajes en esta historia particular, he llegado a esta conclusión: sin conocer algunos particulares respecto a mis propios miedos y luchas sería difícil, si no imposible, comprender por entero a Jones o el valor inestimable que su vida y sus palabras tienen ahora mismo *para ti*... hoy día.

En este mismo instante, si alguna vez has leído uno de mis libros o has escuchado mis grabaciones de audio, o me has visto en el escenario, tal vez sientas que me conoces mucho mejor de lo que conoces al anciano acerca de quien se cuenta esta historia. Por supuesto, mi propia naturaleza humana me ordena simplemente callar (incluso ahora) y dejar que sigas pensando cualquier cosa agradable que puedas haber decidido pensar acerca de las palabras escritas y habladas por las que obtengo mérito.

A través de los años y de muchas lecciones duras he descubierto que no importa cuánto tiempo se necesite o cuán desesperadamente alguien batalle o niegue, la verdad siempre, *siempre*, se hace conocer por sí misma. Además, incluso las declaraciones casuales que comúnmente llamamos verdades a medias, mentiritas blancas, o exageraciones, son costosas y vergonzosas cuando salen a la luz.

Por tanto, para que quede constancia, permíteme comenzar con esta verdad particular: cualquier cosa *buena* que creas de mí, opino que cierto personaje llamado Jones es el responsable de eso. También es responsable por el papá y el esposo que aún estoy en el proceso de llegar a ser. Jones merece la honra. La vida, la sabiduría y la verdad de él son los aspectos que deberías examinar detenidamente con cualquier tiempo o relación que poseas. Y ahora estoy honrado de ser una de esas relaciones...

Según mencioné, soy escritor. No soy el mejor escritor de por aquí, y ni siquiera el único escritor de mi pueblo. Solo soy uno de varios. Cuando me encuentro lejos de Orange Beach, y las personas me preguntan qué hago para ganarme la vida, por lo general vacilo en usar la palabra *autor*. Por alguna razón siempre creí que la frase «soy un autor» equivale a alguien que se considera gran cosa. Yo no. No lo soy. Si quieres que lo pruebe, puedes preguntar qué clase de libros escribo. Cualquier persona que haya escrito un libro debería contestar eso, ¿verdad? Sinceramente, ni siquiera yo mismo estoy seguro.

No estoy tratando de parecer humilde o de apelar a algunas rutinas modestas con el fin de motivarte a discrepar conmigo respecto de mí mismo. Poner una etiqueta sobre la clase de libros que escribo es como enlazar un abejorro, y yo lo sé. Un repaso mental de los sellos editoriales tradicionales te dirá muy rápidamente que la tarea no será fácil. Confía en mí en cuanto a esto: las mejores mentes en el mundo de los libros ya se han probado.

El primer libro que escribí, que solamente leyeron mis familiares y amigos, se tituló *El regalo del viajero*. Era fácil de leer e interesante, al menos eso es lo que la gente dijo. Para mí se trataba de una *historia que incluye algunos principios de vida*. Llegó a estar en la lista de éxitos de librería del *New York Times* en la categoría ficción, pero esa misma semana estuvo en la lista de libros más vendidos de *Wall Street Journal* en la categoría de *hechos reales*. Barnes & Noble lo puso en la sección de superación personal. Amazon. com lo determinó como literatura, y permaneció allí hasta que al final lo establecieron en las dos categorías distintas que aún ocupa hoy día: inspiración y espiritualidad.

Incluso la leal publicación *Publisher's Weekly* lidió para definirlo. Ampliamente leída y respetada en gran manera, *Publisher's Weekly* es una revista internacional que se ha producido cuatro veces al mes desde 1872, y por primera vez en un historial de más de cien años catalogó y revisó un solo libro, *El regalo del viajero*, en diferentes secciones dentro de una misma semana en octubre de 2002. A la religión le encantó *El regalo del viajero*, y de manera efusiva declaró: «Andrews es un escritor para observar». La crítica incluso llegó a comparar favorablemente el libro con el clásico de Navidad *Es una vida maravillosa*. Por otra parte, a la categoría de ficción le disgustó mucho el libro y le dio una crítica negativa.

Mientras tanto, el *New York Times* mantuvo *El regalo del viajero* en su lista de éxitos de librería, pero decidió que después de todo, el libro era de la vida real. Lo ubicaron en la categoría comercial. Hasta la fecha entro a la mayoría de librerías y todavía tengo que pedir ayuda para encontrar los títulos de Andy Andrews. Aunque no lo creas, una vez me llevaron hasta mis propios libros... en la sección de viajes.

Por tanto, ¿cómo se definirían mis escritos? Sinceramente no tengo idea, y esto ha causado más de una conversación de cena que ha terminado en historias y risas. Quizás por eso a veces me cuesta imaginar qué se supone que debo poner por escrito. Y ahí comienza nuestra historia...

Uno

L o encontré.

No lo estaba buscando, pero ahí estaba, real como la vida. Al principio fue solo una percepción, pero se detuvo y se volvió, casi como si sintiera mi mirada en él. El instante en que nuestras miradas se encontraron, sonrió. Y fue como si el anciano nunca se hubiera ido.

Pero se fue. Había desaparecido hace varios años sin siquiera despedirse, y al igual que el anciano mismo, las circunstancias de su partida habían sido extrañas. Dejar nuestra pequeña comunidad costera sin ser visto por una sola persona era bastante extraño (la gente de pueblos pequeños no se pierde mucho), pero meter un mensaje enigmático en una desvencijada maleta y abandonarla en medio de un estacionamiento... bueno, todo el asunto había sido desconcertante. También resultó ser el tema principal de conversación en nuestro pueblo por semanas.

Sin embargo, con el tiempo los residentes de Orange Beach llegamos a creer que él se había ido para siempre, y cierta clase de duelo se había asentado en toda la comunidad. No fue una tragedia. Habíamos sufrido huracanes y derrames de petróleo... sabíamos cómo se sentía la tragedia. Más bien se trató de un vacío que no podíamos definir.

Así que en lugar de un tema específico, departíamos incesantemente acerca de lo que recordábamos. Hablábamos de la ropa del personaje y nos preguntábamos por qué nunca lo habíamos visto

5

con algo diferente a jeans y camiseta. Además de las sandalias de cuero en los pies, ese conjunto particular tipificaba todo su guardarropa. Lo habíamos visto en una boda en la laguna, en restaurantes, e incluso en la iglesia una o dos veces, pero nunca vestido con algo que no fueran jeans y camiseta.

Nadie había sabido dónde vivía, o siquiera dónde dormía en la noche. Hasta donde sabíamos, ni siquiera había pasado alguna vez una noche lluviosa en casa de alguien. El hombre no tenía propiedad en nuestro condado... todos tenemos amigos que trabajan en el juzgado, y ellos revisaron.

Todos estuvimos de acuerdo en que él tampoco pudo haber tenido una tienda de campaña en la pequeña maleta marrón que siempre tenía a su costado. Y en cuanto a la maleta... hasta el día de su desaparición ninguno de nosotros lo había visto alguna vez sin ella. Fue temprano en una mañana de un día laboral que Ted Romano, el dueño de Pack & Mail, encontró la antigua y raída valija colocada en medio de un estacionamiento casi vacío.

Sí, todos teníamos historias acerca de haber visto al anciano lidiando por atravesar una puerta con ella o llevándola mientras llenaba un plato en una barra de ensaladas de la localidad, pero hasta donde podíamos darnos cuenta, nadie más que el hombre mismo había llegado a tocar esa maleta hasta el día en que desapareció.

También estaba el asunto de la edad. Estábamos casi obsesionados con el tema de cuántos años tendría el anciano. Mucho tiempo atrás habíamos admitido que era imposible saber su edad con exactitud. Su aspecto no proporcionaba pistas reales. «Viejo» era lo más cerca que podíamos imaginar. Usaba el cabello un poco largo, no tanto para una cola de caballo, pero *sí* largo... y tan blanco como marfil pulido. Por lo general peinado solo con los dedos, el cabello se veía despreocupadamente desgastado y era casi hermoso. No obstante, este distintivo era solamente lo primero respecto a él que cualquiera observaba.

Los ojos del anciano eran lo que hacía que las personas se detuvieran en seco. Radiantes como la risa de un niño, e impregnados con un color que solo puedo describir como azul apacible, esos

ojos rayaban en la luminiscencia. Puestos contra la piel marrón de
su rostro, y enmarcados por aquel cabello blanco como la nieve,
retendrían a una persona siempre y cuando al anciano le interesara
hablar. Y realmente podía hablar...

Ninguno de nosotros había tenido alguna vez la oportunidad
de escuchar (de escuchar de veras) a alguien como él. No era que el
viejo hablara mucho. No lo hacía. Es solo que cuando *hablaba*, las
palabras que salían de su boca eran tan precisas y significativas que
las personas las absorbían una a una.

Podrías creer que estoy exagerando, pero en Orange Beach hay
más de unos cuantos de nosotros que acreditamos a este anciano
con cambios en nuestras vidas. Es más, yo podría estar al principio
de esa larga lista. Sin embargo, mi relación con Jones ha abarcado
más años que la de todos los demás.

El anciano me encontró en un tiempo particularmente difícil
en mi vida cuando yo tenía veintitrés años de edad. Durante varios
meses fue un amigo cuando yo no tenía ninguno, y me dijo la verdad en una época en que yo no deseaba oírla. Después desapareció
por casi treinta años.

La siguiente vez que lo vi fue hace algunos años cuando llegó,
como lo hiciera la primera vez, al parecer de la nada. Algo muy
curioso que comprendí durante ese tiempo fue que según parece
el anciano había estado entrando y saliendo de nuestro pueblo por
años. Quizás por décadas.

¿Recuerdas que afirmé que no sabíamos qué edad tenía el hombre?
Bueno, conversé con algunos individuos que eran muy viejos, y me
dijeron que el anciano había estado por ahí cuando *ellos* eran niños.
Juraron una y otra vez que en ese entonces él ya era viejo. Desde
luego, eso no tiene sentido para mí ni siquiera ahora. La primera
vez que oí del asunto, y he oído bastante, no hice caso a todo lo que
se decía. Sin embargo, debí admitir que él no parecía muy diferente
de la primera vez que lo vi.

La edad no era lo único extraño con relación al anciano. También lo era el color de la piel. Estaba profundamente bronceada. O era café oscura. Nadie se ponía de acuerdo en si la pigmentación estaba determinada por la genética o por una vida de rechazo al bloqueador solar. En cuanto a mí, sencillamente no me importaba.

No obstante, me causaba curiosidad que los afroamericanos parecían dar por sentado que el viejo era negro, y que los caucásicos suponían que era blanco. Vi suceder esto tan a menudo que creí que era algo cómico. Hasta le llegué a preguntar una vez a él. Pero su respuesta no tuvo mucho que ver con la pregunta, lo que no me sorprendió.

Me gustaba el anciano, y yo no era el único. Ya te hablé de lo categórico que el hombre fue para muchos de nosotros. Sin embargo, no podría dejar de referirme también a lo siguiente aunque solo fuera por consideración: había gente en nuestro pueblo que creía que el viejo era demente.

Todo era muy extraño: cómo algunas personas se burlaban de él y lo ridiculizaban, y la forma en que el viejo simplemente reía y seguía adelante. Algunos llegaban incluso a ponerle apodos en su propia cara.

¿Yo? Simplemente lo llamaba Jones. No Sr. Jones. Solo Jones.

Two

Gulf Shores, Alabama
Noviembre, treinta y dos años atrás

E ra una noche fría en la costa del Golfo, y yo llevaba todo lo que poseía, incluso una chaqueta impermeable de mezclilla que había encontrado en la basura de alguien. Era casi medianoche, y venía de una maratónica sesión de limpiar peces para Jeannie's Seafood en el cruce de la autopista 59 y la carretera de la playa. Me dirigía al desembarcadero del parque Gulf State Park, agotado y con frío, deseoso de abrigarme y dormir.

Como acostumbraba, salí de la calle principal y caminé detrás de casas y negocios en la playa. Solía hacer esto para evitar la atención de cualquiera que pudiera preguntarse qué estaría haciendo un muchacho andando solo en la noche por las calles de un pueblito playero. Yo andaba penosamente entre los pilotes de hormigón del bar Pink Pony cuando Jones se me unió.

En realidad no fue una sorpresa. Ya me estaba acostumbrando a la forma insólita en que él aparecía. Esta noche simplemente emparejó mi paso y caminó conmigo. Como de costumbre, el anciano usaba jeans y camiseta.

—¿Cómo evitas congelarte? —pregunté.

—Tengo pensamientos cálidos —replicó—. ¡Vaya! Hueles a pescado.

—Sí, bueno, pasa un día hasta los codos entre doce mil kilos de ellos, y veremos a qué *hueles* —objeté sin dejar de caminar penosamente por la arena con la cabeza agachada y las manos en los bolsillos.

Jones se quedó en silencio por un rato. Sospeché que había captado mi estado de ánimo y que estaba teniendo cuidado. Mi posición actual en la vida había recibido un daño emocional irreparable. Sin embargo, este era evidente incluso para quienes me conocían de pasada. Jones estaba consciente de que yo estaba a punto de montar en cólera, de estallar en lágrimas, o de destrozar a alguien con mis palabras. Una o más de estas manifestaciones insensatas de cómo me sentía al momento ocurrían con demasiada frecuencia, y en ocasiones sucedían en público. Yo no deseaba comportarme o conducirme de esa manera, pero creía que era algo que no podía controlar. *¿Qué puedo hacer?* —me preguntaba a menudo—. *Así soy yo. Así es como me siento. Esta es sencillamente la manera en que soy...*

Miré al anciano y seguí caminando. Me pareció que él solía aparecer más a menudo cuando yo estaba cansado, deprimido o enojado. Yo levantaría la mirada mientras lavaba el barco de alguien, o haría una pausa para estirarme mientras limpiaba pescado, y allí estaría él, a un costado, a ocho o diez metros de distancia, simplemente observándome. Jones sonreía cuando lo descubría mirándome, y no me importaba. Después de todo, él era la única persona remotamente interesada en un jovencito indigente que vivía en la playa.

El viejo podía hacerme reír, y lo hacía con mucha frecuencia, pero por sobre todo me hacía pensar. No necesariamente *acerca de* algo específico. Me hacía pensar en *maneras* que nunca había considerado. Jones tenía una habilidad especial para revolucionar una situación o una creencia profundamente arraigada en forma tal que se volvía muy clara y tenía total sentido.

No me volví para mirarlo, pero podía oír los suaves y pesados chirridos en la arena bajo sus pies. Estaba callado, simplemente ofreciendo su compañía a un jovencito solitario, y lo menos que pude sentir fue culpa por cómo a veces yo actuaba hacia él. A menudo me sentía frustrado con el viejo, en ocasiones hasta el punto de la ira, y luego me arrepentía de las palabras fuertes que usaba cuando lanzaba esa frustración sobre mi amigo. En momentos más sensatos me preguntaba si la abrumadora frustración que yo sentía en realidad podría tener que ver conmigo mismo. Era indudable que me esforzaba por pensar de la manera que él lo hacía.

—Simplemente no puedes elaborar respuestas para todo —le había dicho unas cuantas noches antes, incluso me había mofado en un tono feo de voz—. Actúas como si una respuesta estuviera esperando a la vuelta de la esquina, y cuando la encuentras, ¡*pum!*, ¡el problema está solucionado como alguien que hace oscilar una varita mágica!

Recuerdo habérmele acercado para mi gran remate.

—Las cosas no son así de sencillas —concluí goteando desprecio de las palabras.

—Me parece que cuando la respuesta aparece, el problema *está* solucionado —declaró Jones encogiéndose de hombros y con una leve insinuación de sonrisa—. Podrías asustarte, frustrarte, desanimarte o todo esto al mismo tiempo, pero cuando encuentras una respuesta, la vida nunca vuelve a ser igual. Así que en realidad, hijo... las cosas no son tan complicadas.

Yo había querido gritar.

Al acercarnos al Holiday Inn pudimos ver que la marea alta rompía las olas en la base de la piscina del centro turístico. Solo un rompeolas protegía de las olas verdaderas a la elaborada playa de hormigón; por tanto, este era el único lugar en nuestra caminata en que no podíamos permanecer en la playa. De vez en cuando yo experimentaba este obstáculo, y sabía que para no tener que cruzar a través del oleaje era necesario atravesar la plataforma de la piscina. Juntos en la oscuridad, totalmente solos, Jones y yo subimos las escalinatas que nos permitirían franquear la formación de sillas de descanso, rodear la piscina, y salir de la propiedad a través de las escaleras al otro lado.

A pesar del guardia de seguridad que recorría las instalaciones del hotel en la noche, yo no estaba demasiado asustado. La mujer que trabajaba esa noche en el mostrador del vestíbulo era de mediana edad, afroamericana, y se llamaba Beverly; también ella era amiga mía. La llamaba señora Beverly, y de vez en cuando le regalaba pescado fresco como mi parte de un acuerdo tácito que la motivaba a desviar la mirada cuando yo usaba uno u otro de los servicios del centro turístico. Sin embargo, me hallaba receloso. No quería meter a nadie en problemas con el gerente del hotel. Especialmente a mí.

Me agaché, abriéndome paso a través de la cubierta. Al llegar a la mitad, exactamente al lado del extremo profundo de la piscina, me volví para decirle a Jones que hiciera lo mismo. Me molesté al ver que él *no* estaba agachado *ni* tenía prisa. El anciano se movía de manera despreocupada, muy erguido, las manos en los bolsillos, con esas sandalias de cuero rechinando a lo largo del concreto arenoso. Habiéndome entrenado para no llamar la atención y evitar los subsiguientes problemas que podrían surgir, me esforzaba por hacer silencio, y las sandalias del viejo resonaban como un rastrillo metálico arrastrándose a través de gravilla.

Irritado, le susurré que se diera prisa, se agachara y no hiciera bulla. Pero antes de que yo pudiera continuar mi corta caminata, Jones inexplicablemente sonrió con ternura y se estiró hacia mí en un gesto que indicaba que quería colocarme la mano en el hombro, pero en vez de eso... me empujó con firmeza dentro de lo que era una piscina completamente helada, sin haber sido calentada en absoluto.

Me hallaba debajo del agua, totalmente bajo el agua, antes de tener alguna comprensión de lo que acababa de ocurrir. Años más tarde llevaría una extraña imagen mental del viejo en ese instante particular. Lo veía a través de la superficie de la piscina, inclinado sobre mí con su cabello canoso ondeando al viento helado. Cuando subí a la superficie respirando con dificultad, Jones sonreía. No estaba riendo (lo podría haber matado), sino sonriendo como si estuviera curioso, expectante o fascinado con el objeto frente a él... el cual, por supuesto, era yo.

Pataleé hasta el costado de la piscina y me agarré del borde a sus pies. Todo el infierno, la maldad, o cualquier otra cosa que yo tuviera, desaparecieron de repente. Me froté los ojos con la mano y levanté la mirada hacia el anciano, mientras él estiraba la mano hacia abajo para ayudarme a salir.

—¿Por qué hiciste eso? —pregunté.

Pronto me hallé envuelto en diez o doce toallas de la lavandería del Holiday Inn, bebiendo café de la cafetera del vestíbulo. Estábamos sentados en el piso, acurrucados no tan adentro ni tan afuera de la entrada que llevaba a las canchas de tenis del hotel. El lugar no era cómodo, pero nos hallábamos protegidos del viento, y yo estaba relativamente seguro de que no nos iban a echar.

Después de darle el silencioso tratamiento por un tiempo, conducta que debo admitir que no tuvo absolutamente ningún efecto en él, lo miré de reojo.

—Jones. Amigo, no te entiendo. ¿Por qué se te ocurrió hacer *eso*?

El hombre levantó la mirada hacia el techo, respiró hondo y con satisfacción, y cruzó los brazos cómodamente.

—Pues bien —comenzó a hablar, mirándome brevemente, y volvió entonces a mirar al techo—. Hijo, en este momento estás en la guerra más grandiosa que tendrás que librar en tu vida. Es confuso, pero estás luchando por aquello en que un día te convertirás. Hay fuerzas enfrentadas por ocupar tu cabeza... fuerzas que no reconoces, que no puedes ver, y que no entenderás hasta que seas capaz de revivir todo el asunto en años posteriores.

El anciano me lanzó una rápida mirada.

—¿Sabes? Muchas personas te dirán que los detalles pequeños no importan. Más te vale que no las escuches, hijo. Los detalles pequeños *sí* importan; a veces son los que más importan. Todo el mundo le presta mucha atención a lo grande, pero nadie parece entender que esto casi siempre está conformado por pequeñeces.

Cuando haces caso omiso a las cosas pequeñas, estas a menudo se convierten en cosas grandes que se habrán vuelto muy difíciles de manejar.

Jones hizo un gesto de desdén.

—«No te preocupes por pequeñeces». Esta es una mentira que te arruinará la vida —continuó, volviéndome a mirar con dureza directo a los ojos—. Tus decisiones, tus palabras, y toda jugada que hagas son permanentes. La vida se vive con tinta indeleble, muchacho. Despierta. Estás dando pequeñísimas pinceladas cada minuto que caminas alrededor de esta tierra. Y con esas pequeñas pinceladas estás creando la pintura en que se convertirá finalmente tu vida: una obra maestra o un desastre.

El viejo se movió en el pequeño espacio para obtener un poco de comodidad e inclinó un poco la cabeza hacia un lado.

—Bueno, volviendo a tu pregunta... Se me ocurrió que no siempre voy a estar alrededor para ayudarte a pensar. Así que decidí en el acto que debías entender una realidad importante acerca de tu existencia terrenal. Y es esta: todos los días por el resto de tu vida alguien te va a empujar a la piscina. Y es mejor que decidas *ahora* cómo actuarás cuando esto ocurra.

El anciano entrecerró los ojos y se inclinó hacia mí.

—¿Vas a salir del agua lloriqueando? ¿Quizás gritando o quejándote? ¿Te encolerizarás y retarás, amenazando a todo el mundo? ¿Lanzarás puños al aire o algo peor?

Hizo una pausa.

—¿O saldrás del agua con una sonrisa en el rostro? ¿Observando para ver qué puedes aprender... a quién podrás ayudar? ¿*Actuarás* con alegría aunque te sientas inseguro?

Jones me miró por un segundo o dos antes de bajar la barbilla y continuar en el más serio de los tonos.

—Es hora de decidir, hijo. Casi todo resultado que la vida produzca de este momento en adelante, bueno o malo, dependerá de cómo decidas. Cada día, de una u otra forma, sea que te guste o no, te *empujarán* a la piscina. Muy bien podrías ahora mismo decidir cómo reaccionarás cuando esto suceda.

Dicho esto, el viejo se puso de pie y se marchó.

Yo estaba rendido, excesivamente agotado, y supe que debía salir pronto. Sin embargo, antes de volver a enfrentar la helada noche me quedé dormido, descansando en cierta manera, permitiendo que mi mente cavilara en Jones y alrededor de él. Volví a reflexionar en por qué él nunca usaba abrigo. Pensé en dónde dormiría el viejo esa noche, y en lo extraño que por lo general parecía ser. Pensé en mi vida, y medité en las desconcertantes palabras de Jones. Me pregunté qué diablos se suponía que yo iba a hacer con lo uno y lo otro.

Tres

L a aldea de Fairhope, Alabama, fue fundada en noviembre de 1894, y por cada instante desde entonces el aire salado se ha mezclado con conchas desechadas de ostras, filtrándose a través de ramas de roble y pino con el ocasional vestigio de mariscos fritos, hasta crear una fragancia incomparable con la de cualquier pueblo más pequeño. Turistas vienen aquí de todo el mundo por los lugares de compras, los grandes restaurantes, las vistas increíbles y, desde luego, para quedarse en el Grand Hotel, reconocido como uno de los mejores destinos de golf y vela en la nación.

Era inicios de la tarde de un lunes, había conducido cuarenta y cinco minutos desde mi casa en Orange Beach hasta Fairhope, y estaba estacionado frente a la librería Page & Palette en la Calle Section. Meneando la cabeza para aclararla, miré mi reloj. ¿Cuánto tiempo había estado sentado aquí? Mi último manuscrito estaba atrasado, y lo que yo había escrito, bueno... tan solo digamos que no lo encontraba satisfactorio. Además de la incertidumbre que yo infligía sobre mi editor, me hallaba en disconformidad conmigo mismo, y encima de todo estaba un poco deprimido.

Sabía que el origen del problema era la clase de libro que todos esperaban que yo escribiera. Por milésima vez me quejé ante mí mismo: *si solo quisieran una historia, podría escribir una fabulosa. Si*

17

quisieran solamente los principios, podría escribir un libro sincero de la vida real. Por desgracia las realidades de la maquinaria moderna y mi propio deseo de complacer a todo el mundo se habían combinado para producir una marca bastante fuerte que declaraba: «Andy Andrews escribe historias con principios». Resultado final, me sentía atrapado. ¿Por qué? Simplemente porque *esta vez* no tenía historia.

Ah, estaba emocionado en cuanto a los principios que había descubierto y que deseaba enseñar. Es más, los principios eran tan poderosos que ya había comenzado a revelarlos a líderes de ciertos equipos y corporaciones con quienes había tenido contratos de largo plazo. Esos clientes ya estaban viendo resultados fabulosos con la implementación de la nueva información, pero al considerar el próximo libro y mi método típico de poner los principios en las manos de todos, no tenía una historia. O al menos, no tenía *la* historia.

En los libros anteriores siempre había usado tramas emocionantes como un recurso para mantener el interés del lector mientras el principio, hábilmente insertado, se hacía conocer durante la acción. En *El descanso* usé narraciones verídicas de submarinos nazis que merodearon el golfo de México durante la Segunda Guerra Mundial. Un arqueólogo y el reportero de un periódico persiguieron el origen de un objeto misteriosamente poderoso en *La oportunidad perdida*. Me hallaba perturbado por la comprensión de que cada libro que había escrito alguna vez tenía una historia única y cautivadora, algo que le faltaba a este último intento. Yo lo sabía, y con cada pulsación de mi Mac sentía un vacío cada vez más grande debajo de mí. Era un pozo cavado con una pala de mi propia creación y alimentado por desilusión en mí mismo. Peor aún, mientras más cavaba, hallaba más evidencia de que había algo más en el hueco. Reconocí que se trataba de la creciente ola de pánico.

Volví a mirar el reloj y supe que debía obligarme a salir de la relativa seguridad de mi automóvil. Había prometido pasar por Page & Palette y autografiar las existencias de mis libros. A fin de hacerlo, debía entrar. Me encantaban Karin y Keifer, los dueños, pero yo sabía que inmediatamente después de los abrazos y los saludos vendrían las preguntas acerca de mi próximo libro.

Preguntarían: «¿Cuándo será el lanzamiento? ¿De qué se trata? ¿Cuál es el título?». ¿Cómo podría responderles las preguntas? *Oh, no sé* —me imaginé diciendo—, *¡pero mi editor está encantado con lo que he escrito hasta ahora! Es más, precisamente ayer me llamó para informarme que yo había establecido un nuevo récord como uno de sus autores. Sí, ¡un nuevo récord! Bueno, no... al parecer nunca antes habían tenido a alguien bajo contrato que incumpliera tres plazos distintos en un solo libro. Ah... no, lo siento, no tengo un título para el libro. Ninguno, tampoco he imaginado el final. En realidad, no sé de qué se trata el libro. Todo es parte de una nueva técnica de escribir: estoy guardando todo en un gran secreto. Sí, incluso de mí mismo.*

Sin duda, estaba lidiando con un poco de depresión, ansiedad o temor... o cualquier cosa que me hacía querer sentarme en mi auto y no salir. Pero yo *sabía* que no debía rendir mi voluntad. Jones me había enseñado mucho tiempo atrás a no ceder a sentimientos de desesperación, temor o derrota. «*Maneja* tus emociones negativas, hijo —me había dicho—. Nunca permitas que esas emociones te controlen. ¡Dirígelas siempre yendo en la dirección opuesta a la que ellas insisten en que debes ir!». Por consiguiente, sabiendo muy bien que ni remotamente me *sentía* con ganas de hacerlo, sonreí... exactamente como el anciano me había adiestrado a hacer. Hasta sonreí un poco mientras abría la puerta del auto y me apeaba.

Al cerrar el vehículo oí una voz conocida.

—*Me encanta* oír esa risa —retumbó la voz—. ¡No señor, no permitamos que sentimientos caídos nos controlen!

Levanté la mirada, y ahí estaba él. Casi tengo que repetirlo, incluso en texto impreso. Allí estaba él, como si lo hubiera acabado de ver ayer. ¿Cuánto tiempo había pasado... más de cinco años desde que él desapareciera? Pero en un sentido más profundo también pareció lo más natural del mundo ver a ese anciano. No obstante, la mandíbula se me debió caer medio metro.

—¿Jones? —pregunté con voz ronca.

—Hola, jovencito —contestó él sonriendo ampliamente y tendiéndome una pequeña bolsa blanca como si me viera todos los días en esta época—. ¿Quieres una barra de limón?

Yo estaba demasiado aturdido por la repentina aparición del hombre como para contestar de modo coherente, así que tan solo reí mientras de manera alterna le estrechaba la mano e intentaba abrazarlo. Entonces balbuceé como un niñito de cuatro años con su primera donut glaseada mientras el anciano que había significado tanto para mí sonreía de forma paciente y esperaba a que me tranquilizara.

Finalmente, al no hallar palabras, me di cuenta de que aún estaba asiendo el brazo derecho de Jones, el que sostenía la pequeña bolsa blanca.

—No tienes que asaltarme para ello —expresó alegremente, despegando suavemente mis dedos de su bíceps—. Tengo una extra.

—¿Una qué? —logré preguntar, la mente moviéndoseme en varias direcciones a la vez.

—Una barra extra de limón —respondió él con calma—. Tengo dos. Una para cada uno.

Entonces hizo una pausa por un momento antes de agitar la mano frente a mi rostro.

—Hola, ¿estás ahí?

—Sí —contesté—. Es decir, sí señor. Estoy aquí. Jones, no te vayas.

Esta última frase la dije sin pensar.

—Cálmate y encontremos un lugar dónde sentarnos. ¿Qué tal una taza de café para tomar con estas delicias? —inquirió él mirando hacia Page & Palette; pero al instante alejó la mirada y susurró—. No... no necesitas ningún café. Ya estás suficientemente nervioso.

Me condujo por la acera hasta un banco vacío, me hizo un gesto para que me sentara, y tomé asiento. Uniéndoseme, el anciano abrió la bolsa y extrajo dos barras de limón. Los delicados pasteles eran de Latte Da, la cafetería de la librería, como sabría cualquiera que alguna vez pusiera un pie en el pueblo de Fairhope. El pintoresco emporio es casi tan famoso por su café y sus pasteles como por sus libros, y gente de todos los rincones del mundo venía a experimentar el ambiente exclusivo de esta hermosa librería independiente.

Agarrando una barra de limón en la mano derecha, coloqué la izquierda debajo para atrapar algo del azúcar en polvo que de otra manera podría caer y desperdiciarse. Al llevarla a la boca, un pensamiento peculiar me serpenteó en la cabeza. Por eso antes de dar un mordisco me volví hacia el viejo, observando que él ya tenía una mirada inocente en el rostro antes de que yo dijera una palabra.

—Jones... ¿compraste dos barras de limón para ti? —pregunté, inclinándome hacia adelante—. Creo que estabas esperando a alguien. Es más, creo que...

—Tengamos cuidado —manifestó él, interrumpiéndome y dándome palmadas en la rodilla—, de interpretar demasiado en una ocurrencia trivial.

La sonrisa permaneció, pero mis ojos se entrecerraron.

—Jones, nunca ha habido nada trivial respecto a ti, y tú lo sabes.

Él encogió los hombros como si no supiera de *qué* le estaba hablando, pero yo sabía que él sí lo sabía. Y *él* sabía que yo sabía. Había pasado demasiado tiempo con el anciano como para creer que cualquier cosa que sucediera a su alrededor fuera coincidencia.

—¿Te puedo preguntar por qué estás aquí? Aquí en Fairhope, quiero decir. ¿Y por qué te fuiste de Orange Beach? Jones, han pasado cinco años desde que nadie ha sabido de ti. ¿Dónde has estado? Además, ¿dónde te hospedas? ¿Te puedo ayudar con alguna cosa? ¿Vendrás al menos a casa conmigo para pasar un par de noches? A Polly y los niños les encantaría verte. En todo caso, ¿qué estás haciendo en Fairhope?

—Otras vez estás hablando de manera incoherente —comentó pacientemente Jones mientras daba una mordida final a su barra de limón; luego se limpió el azúcar de los pantalones—. Y preguntaste dos veces por Fairhope. ¿Sabes? Sin duda hablas mucho. Estoy pensando que tendrías más libros escritos si pudieras apaciguar esa tendencia. Es difícil escribir y hablar al mismo tiempo. Al menos eso es lo que sospecho.

Ante esa suave reprimenda me quedé en silencio y miré hacia otra parte.

—Ah, vamos —exclamó él mientras me codeaba—. He visto algunos niñitos que podrían hacer mejores pucheros que ese.

Entonces hizo una pequeña pausa para que me volviera a aparecer una sonrisa en el rostro.

—¿Vas a hablar o a qué? —preguntó.

—Te he extrañado de veras —contesté sencillamente volviéndome hacia él.

Cuando dije esto, volvió a poner el brazo alrededor de mi hombro, y por alguna razón casi me echo a llorar.

No me importa admitir que en ese instante de manera inusitada yo era una ruina emocional. Por algún motivo siempre me había sentido como un niño cerca de Jones. No infantil, sino *ingenuo* de algún modo.

—¿Me extrañaste tú también? —le pregunté ese día, justo como lo haría un niño.

Por supuesto que él contestó en su manera típica.

—No —expresó—. Para extrañarte debía haberme ido. Y no me he ido. He estado por aquí.

Yo sabía mejor preguntar que responder. En vez de eso hice algún comentario acerca de que su contestación era típica de él, y así era exactamente. Jones siempre había sido una contradicción andante. Era la única persona que yo había conocido que podía ser al mismo tiempo exasperante, alentadora, evasiva, directa, exigente y consoladora. Quise preguntarle *por qué* estaba en Fairhope, pero sabía que su respuesta sería algo como: «¿Por qué no?», así que ni siquiera me molesté en preguntar.

Sin embargo, sí le pregunté cuánto tiempo había estado en el pueblo. De nuevo su respuesta me dejó vibrando la cabeza.

—Realmente no he estado aquí mucho tiempo —declaró como un hecho—. Eso en realidad no me importa, así que decido no pensar en ello. Pero he estado aquí más de un par de días, de veras.

Después de una breve pausa frunció el ceño como si le estuviera dando vueltas a la idea hasta la última gota de concentración.

—El tiempo es algo extraño —comentó—. Para la mayoría de adultos la víspera de Navidad dura más o menos lo mismo que otras noches, pero para un niño de ocho años el tiempo en esa noche particular del año se desacelera a paso de tortuga.

Jones rió y juntó las manos.

—No sé si alguna vez pensaste en eso —continuó—. Pero lo que tú y yo calculamos en años, en realidad podría ser solo un rápido sacudón de polvo de las manos celestiales.

El anciano hizo otra pausa.

—Piénsalo de este modo —expresó, moviéndose en el banco para mirarme—. ¿Qué estás planificando para el próximo año... a partir de hoy?

—No tengo idea —respondí riendo—. ¿Estás bromeando?

—No —objetó Jones—. No estoy bromeando. Sin embargo, dentro de año parece muy lejos, ¿verdad?

—¿Un año a partir de ahora? —repliqué—. Sí. Un año a partir de ahora es una eternidad. Es decir, ni siquiera piensas en el *mes* entrante.

—¿Qué edad tienen ahora tus hijos? —inquirió él asintiendo con la cabeza—. Once y catorce, ¿no es así?

—Sí —contesté después de verificar la edad de los muchachos.

—Un año o un mes, o incluso una semana en el futuro puede parecer mucho tiempo. No obstante, ¿una década en el pasado? —indagó, y luego chasqueó los dedos—. ¿Por qué? ¿No parece como si esos chicos hubieran nacido hace solo un minuto?

El anciano pareció haberse agotado. Con un suspiro de satisfacción se acomodó en el espaldar del banco a mi lado, poniendo una pierna sobre la otra.

—Sí —se contestó con suavidad—. El tiempo es algo extraño. Lo actual es lo que es. Una vez gastado... se ha ido para siempre.

Diciendo esto simplemente cruzó los brazos y cerró los ojos.

Yo no estaba seguro si él estaba descansando o esperando que yo hablara. Se quedó quieto y parecía relajado, y no supe qué decir, así que no dije nada en absoluto.

Mientras examinaba el perfil de su conocido rostro no pude

dejar de cavilar en dónde pude haber ido a parar de no haber sido por ese viejo, y en el «tiempo» que había pasado conmigo. Después de todo, yo había estado viviendo debajo de un desembarcadero cuando me encontró. ¿Pero ahora...? Consideré que en realidad había sido relativamente una pequeña cantidad de tiempo el que yo había pasado en presencia del anciano, e intenté identificar lo que él había hecho (es decir, qué había hecho *exactamente*) que representó una diferencia tan radical en mi vida.

Decidí que el asunto estaba en mi *pensamiento*. Jones había desafiado las mismísimas bases de mi proceso de pensamiento. Él cuestionaba mis percepciones, mis suposiciones, e incluso (o tal vez deba decir *especialmente*) mis conclusiones. Sí, asentí. Esa es exactamente la manera en que el hombre se las había arreglado para cambiar mi vida muchos años atrás.

A los treinta minutos de haberlo visto por primera vez, Jones había preguntado: «¿Lees?». Su pregunta pareció bastante simple, pero como se vio después, había una eternidad de capas hacia la verdadera respuesta... la que continúa desarrollándose aun ahora, después de estos años. Recuerdo que cuando preguntó: «¿Lees?», respiré para contestar de manera afirmativa, pero él añadió: «No te estoy preguntando si *sabes* leer; te estoy preguntando si lo *haces*».

Y esa solo fue la primera vez que Jones retó lo que yo creía saber, o incluso lo que yo creía haber oído. El cambio que el anciano creó en mi pensamiento en ese instante cambió mi respuesta a su pregunta de un sí a un no.

«La perspectiva adecuada acerca de todos los aspectos de tu existencia —solía decirme una y otra vez—, es simplemente todo».

Y así, a media que Jones se convertía en un accesorio en mi vida destrozada (recuerda que en ese tiempo yo era un indigente) su extraordinaria manera de analizar minuciosamente situaciones comenzó a tener un efecto asombroso en mí. Y los libros tampoco hicieron daño.

—¿Jones? ¿Estás dormido? —pregunté en voz baja.

No contestó, así que me recosté y esperé. Por el momento yo estaba contento de estar sentado simplemente allí, sintiendo una extraña sensación de importancia, como si yo lo estuviera protegiendo de alguna manera.

Después de todo, yo no era el mismo chiquillo asustado que él había encontrado viviendo en la playa años atrás. Las cosas habían cambiado para mí durante las más de tres décadas que habían seguido. Profesionalmente (excepto por el traspié de mi último manuscrito) me estaba yendo bastante bien, y mi vida personal estaba en una gran trayectoria. Me había casado con una mujer hermosa de quien aún seguía locamente enamorado, y juntos estábamos en el proceso de criar a nuestros dos hijos varones.

Sonreí, observando cómo la respiración del anciano le levantaba suavemente los brazos cafés, que permanecían cruzados sobre el abdomen. «Ven acá, hijo», fue lo que me dijo esa noche, la primera vez que lo vi, mucho tiempo atrás. Luego había estirado la mano y agregado: «Múdate a la luz». Y eso es exactamente lo que he intentado hacer desde entonces.

No ha pasado un día en más de treinta años en que yo no haya pensado en Jones. Más específicamente, no creo que haya pasado un día desde esa época en que mi cabeza no haya dado vueltas a esas cuatro palabras: *múdate a la luz.*

Al principio, como podrías esperar, supuse que había sido a la luz del desembarcadero a la que él se estaba refiriendo. Cuando vivía debajo del desembarcadero y caía la noche, mi única luz venía de la gran lámpara de vapor de sodio que se extendía desde lo alto de un poste encima de la estructura. Una pequeña parte de esa luz se abría paso hacia mí a través de una rajadura entre las enormes losas de hormigón. Esos grandes bloques de cemento estaban colocados de un extremo al otro y conformaban la pasarela del desembarcadero. También servían como techo para mi secreto y muy arenoso hogar.

En las semanas siguientes a mi primer encuentro con el anciano comencé a darme cuenta de que la luz a la que se refería era una fuente de iluminación mucho más brillante de lo que yo había previsto en un principio. Y en la manera en que las cosas resultaron, esa luz y su fuente lo cambiaron todo.

—Son las catorce horas y seis minutos —comentó Jones.

Él no había movido un músculo. Los brazos seguían cruzados. La pierna derecha sobre la izquierda, y los ojos aún cerrados. Miré mi teléfono. Él tenía razón. Eran exactamente las 2:06 a. m. Jones nunca usaba un reloj, pero sonreí mientras le miraba las muñecas para revisar de todos modos. Al examinar el área con algunos giros de mi cabeza, también determiné que no había relojes a la vista a los cuales él pudiera haber dado un rápido vistazo.

Había visto al anciano hacer esto muchas veces, y siempre me asombraba. Él nunca fallaba. Quiero decir, *nunca jamás* fallaba ni siquiera por un minuto. Respirando hondo, abrí la boca para preguntar por lo menos por enésima vez cómo lograba el truco.

—Se supone que debes recoger a los niños de la escuela —advirtió él antes de que yo pudiera articular palabra—. Desde aquí hasta allá hay al menos cincuenta minutos sin tráfico. Será mejor que salgas pitando.

—Está bien —repliqué, asintiendo sorprendido como siempre de su intuición.

—Bueno —manifestó él con el más básico atisbo de una sonrisa.

Luego cerró el único ojo que había abierto para nuestra breve conversación, y se acomodó con pequeños movimientos como si se estuviera alistando para una larga siesta.

—Bueno —dijo una vez más, y con una profunda inhalación y una larga exhalación, se durmió.

Estaba realmente dormido. O al menos creí eso. El anciano podía interpretar personas y situaciones como nada que yo alguna vez viera u oyera. A veces, durante sus prolongadas ausencias de mi vida lo imaginé observándome a través de un cristal. Me preguntaba qué pensaría él acerca de esta situación o de tal persona.

Entonces tras cinco años, o treinta, de estar en cualquier otro lugar al que él iba, Jones aparecería y actuaría como si nos hubiéramos visto una hora antes. Era algo extraño. Y maravilloso. Había mucho que yo deseaba saber respecto al viejo, pero él no estaba interesado en nada más que en mi vida y en lo que yo estaba aprendiendo acerca de mí.

Volví a ver la hora, y supe que debía irme. Pensé seriamente en sacudirlo y despertarlo. Quería saber dónde estaría y cómo podría ubicarlo. ¿Estaba viviendo en el pueblo? ¿Con alguien? ¿Dentro? ¿Fuera? Por mucho que Jones me gustara, esta parte de nuestra relación era exasperante. En cuanto a dónde podría volver a verlo... o *cuándo* podría verlo de nuevo... yo no tenía idea.

Pero entonces se me ocurrió una.

Sin tiempo pero aún debiendo autografiar libros, de mala gana me alejé y fui rápidamente hacia la puerta de Page & Palette. Casualmente consciente de los vívidos colores de los carteles y las portadas de libros esparcidos a través de la vidriera de la tienda, me quedé helado mientras mi mano tocaba el pomo de la puerta. Allí, en la esquina inferior izquierda de la vidriera, había un pequeño letrero escrito a mano. En realidad era una tarjeta 3x5, el letrero estaba ridículamente anulado por los colores y diseños comerciales de los avisos comerciales más grandes y costosos que competían por llamar la atención.

Me acerqué a la sencilla notificación escrita a mano y me apoyé en una rodilla para ver más de cerca. En lo alto de la tarjeta, con mayúsculas y con bolígrafo azul, nítidamente habían escrito las palabras CLASE PARA PADRES. En la siguiente línea estaba centrado: JUEVES A LAS DIECINUEVE HORAS Y CON CERTEZA A LA MISMA HORA EL JUEVES SIGUIENTE. Debajo de eso, en paréntesis, estaba escrito: (DESPUÉS DE ESO, VEREMOS CÓMO RESULTA). La ubicación, GRAND HOTEL, estaba escrita en la última línea... y allí, en la parte inferior, en letra meticulosa, se hallaba la firma del maestro: *Jones*.

La boca se me abrió ligeramente y las cejas se me estiraron hacia la parte superior de la cabeza. Yo había superado el punto de creer que cualquier cosa que Jones dijera o hiciera podría sorprenderme más, pero esto... bueno, esto era una sorpresa. No supe qué pensar. Al mirar hacia atrás a mi viejo amigo, vi que no se había movido. Permanecía erguido en el banco del parque, brazos cruzados, barbilla sobre el pecho. Sí, Jones aún estaba dormido, pero mi mente se aceleraba con las posibilidades de cómo podría desarrollarse este giro inesperado.

Antes de entrar a la librería lo miré una vez más. Entonces con una enorme sonrisa en el rostro empujé la puerta meneando la cabeza en asombro, y reí en voz alta.

Al menos sabía dónde encontrarlo. Y cuándo.

Cuatro

El anciano se detuvo por un momento para hacer a un lado el pelo de los ojos y quitarse unos trocitos de paja de pino de la ropa. Ya había recorrido un largo camino y se deslizaba en silencio por el bosque. Era casi una hora antes del amanecer, pero Jones podía ver bien en la oscuridad. Los mapaches, venados y armadillos, y hasta un gato montés, le ponían poca atención mientras él vagaba en medio de ellos.

Al viejo le gustaba esta parte del día. No necesitaba dormir mucho y prefería estar solo durante las primeras horas de la mañana. Sin embargo, a menudo emprendía un proyecto que requería que su trabajo comenzara en la oscuridad. En cierto modo Jones sabía que *todo* viaje empezaba en la oscuridad. Y esa desde luego era la esencia de su razón de ser. Era su propósito. El anciano tomaba a las personas de la mano y las ayudaba a que vieran el sendero por el que podían entrar a la luz. Perspectiva, lo llamaba él.

Jones atravesó varios campos cultivados, cuidando de no dañar los cultivos. Podía oír el ruido adelante. Desde donde se detuvo a escuchar parecía como una atenuada versión de estridente audio desde una cantidad infinita de parlantes. Se hallaba a casi dos kilómetros del origen de aquello que oía.

El ruido aumentaba mientras el hombre caminaba hasta por fin detenerse dentro del bosque en el borde de un enorme campo. Jones pudo ver el débil indicio de luz que comenzaba a aparecer en el cielo oriental. A solas en la oscuridad, sonrió ante el barullo que ahora crecía hasta convertirse en un clímax alrededor de él.

Después de un momento, con cautela y como en cámara lenta, ingresó hasta la mitad del campo. Este ya no era negro como el carbón. Las sombras de color azul grisáceo presagiaban la llegada del amanecer mientras el estrépito aumentaba. El mismo aire surgía, silbaba y chirriaba. Chasquidos metálicos y ruidos distintos colmaban la oscuridad en retirada como si fuera a ahuyentarla para siempre de un susto. Gritos iracundos estaban acompañados de fuertes ronroneos vibrantes y agresivos, y de chillidos repetitivos de alegría.

A medida que la noche era gradualmente superada por el brillo inicial de la mañana, el alboroto aumentaba, intensificando el volumen, anticipando con entusiasmo la fracción de segundo en que el primer rayo del sol saltaría por sobre el horizonte. Jones se quedó inmóvil en el centro del campo. Cabeza inclinada, ojos cerrados, estuvo completamente quieto durante varios segundos cuando, como se esperaba pero sin previo aviso, el primer rayo de sol atravesó el campo. El cabello blanco del anciano resplandeció mientras la luz exhibía fluorescencia en su trayecto. Y por un segundo... dos a lo sumo... todo quedó en silencio.

En ese momento el ruido respondió al amanecer, más penetrante que antes, seguido al instante por imágenes revueltas, uniéndose a través del cielo matutino en una sinfonía cambiante de movimiento. Jones levantó la mirada y sonrió.

Era un caos total.

Había habido plena luz del día al menos por veinte minutos. Baker Larson, a solas en su Ford F-150, se inclinó hacia adelante y examinó el cielo a través del sucio parabrisas. Desacelerando la camioneta roja divisó el objeto de su búsqueda a varios kilómetros de distancia. El joven agricultor no quitaba la mirada del punto en la distancia mientras apretaba el acelerador y lanzaba una maldición al aire viciado dentro del vehículo. Sin ningún pensamiento consciente agarró el vaso desechable del portavasos y se lo llevó a la barbilla, escupiendo dentro un chorro de jugo de tabaco tan asqueroso como su estado de ánimo.

La carretera rural 33 era larga y recta. Por suerte para todos los demás esta mañana, la calzada de dos carriles estaba despejada ya que la mente del conductor estaba muy lejos, y la Ford rodaba sobrepasando el límite de velocidad.

Baker Larson había cumplido treinta y siete años el día anterior. Había sido un lunes que nunca olvidaría. El banco le envió una carta certificada en que en varios párrafos se mencionaba de modo destacado la palabra *embargo*. «Feliz cumpleaños para mí», había dicho en voz alta después de leerla.

Era evidente que no había habido mucho festejo. Sealy, su esposa, ya había comprado gruesos filetes de costilla para asar en la parrilla, pero Baker se había enojado por el precio de las carnes; por tanto, cualquier ambiente de fiesta que pudo haber sido posible terminó antes de que empezara la noche.

Las hijas del matrimonio estaban en edad colegial y ya trabajaban para ayudar a la familia a sobrevivir. Por una vez, Sealy se había alegrado de que las muchachas trabajaran en las noches, y agradeció a Dios por los trabajos de meseras. Al menos ellas no estuvieron allí para experimentar la conducta malhumorada de su padre en lo que se suponía que fuera una alegre ocasión.

Baker y Sealy se habían casado jóvenes y debieron luchar económicamente desde el principio. No había habido herencia de ninguna parte de la familia, y los dos tenían préstamos estudiantiles de dos años de universidad vocacional. Sealy había ido a la universidad porque todos los demás lo hacían y en realidad nunca decidió qué deseaba hacer. Ella sabía que quería a Baker, y que quería hijos. Después de dieciocho años juntos, en muchos aspectos la pareja tenía un matrimonio satisfactorio. Pero en realidad el estrés nunca desapareció.

En retrospectiva Baker estaba contento de haber ido a la universidad porque allí fue donde conoció a Sealy, pero él tampoco había sabido qué quería hacer. Este era un hecho que recordaba cada mes cuando se hacía el pago de su préstamo estudiantil. Había estudiado una carrera de dos años, pero no quería ninguna parte de ningún trabajo para el que aquel grado particular lo calificaba. Nunca se le había ocurrido determinar por anticipado qué tipo de empleo podía obtener con ese título. Al parecer esto tampoco se les había ocurrido a sus asesores de la facultad, porque ninguno se lo mencionó alguna vez. Con frecuencia Baker se preguntaba si sus asesores también estarían pagando sus préstamos estudiantiles.

Cuando hubo la posibilidad de conseguir veinticuatro hectáreas entre Fairhope y Foley, Baker se apresuró a comprarlas. Había trabajado en algunas haciendas del condado Baldwin durante sus veranos en la secundaria, e imaginó que podía poseer una tan fácil como trabajar en la hacienda de alguien más. No se sorprendió mucho que calificara para el préstamo, pues este estaba dentro de un programa gubernamental, pero le sorprendió que le ofrecieran más de lo que necesitaba para comprar el lugar. Le dijeron que el dinero extra era para semilla, fertilizante y cualquier otra cosa que pudiera necesitar.

Lo primero que Baker había «necesitado» fue una camioneta nueva. Una camioneta de fábrica. Y una nueva para Sealy. Estaba decidido a tener lo mejor de todo en su hacienda y, en su mayor parte, a recibir dinero prestado, lo cual era una meta particular que se las arregló en conseguir.

El hombre usó el dinero de programas de préstamos del gobierno y subsidios agrícolas en vehículos de cacería y casas de muñecas para las niñas. Cinco años después de casados, Baker y Sealy adquirieron una residencia de cuatro cuartos y tres baños en el pueblo. Por supuesto, la casa estaba hipotecada hasta el cuello (como todo lo demás que tenían) y con los años cada vez se hizo más evidente que las finanzas familiares no dejaban margen para imprevistos.

Baker había hecho malabares por mucho tiempo, pero la carta del banco le hizo saber con certeza que las pelotas ya no estaban en el aire. Se sentía asustado, avergonzado, enojado, confundido, débil y agotado. Ah, y estúpido. Especialmente estúpido.

Y culpable. Culpable debido al daño que le había hecho al futuro de su familia. Les había dicho a su esposa y sus hijas que iban a ser ricos. Él sin duda lo creía. El dinero era todo en lo que Baker pensaba, de veras, y la arrogancia que mostraba con las cosas que compraba (sin importar que todas fueran a crédito) bordeaba lo ridículo. En alguna parte de su subconsciente sabía que sus ansias por cosas era alguna clase de reacción a una historia familiar acerca de la cual estaba avergonzado. Su papá había muerto arruinado después de cuatro matrimonios, y aunque nadie nunca jamás hablaba de eso, Baker sabía que su abuelo había muerto en prisión.

La familia extendida era igual de mala. La mayoría de primos del joven agricultor y sus hijos siempre estaban en problemas de un tipo u otro. Él tenía una tía que siempre estaba en rehabilitación o en la cárcel del condado. Luego estaba su tío Edward, el predicador, que siempre estaba arruinado, y la iglesia le pagaba la casa. A Baker le disgustaba que el «hermano Ed» siempre lo sermoneara acerca de que Dios proveía, pero que nunca dudaba en pedirle dinero a su sobrino; nunca lo llamaba préstamo, y nunca se molestaba en devolvérselo. ¡Nunca!

El lado de su madre no era mejor. El hermano no había asistido al funeral de ella, sino que se las *había* arreglado para ir a la casa varias horas después que todo terminara. Usaba la misma excusa de la llanta pinchada que le habían oído una docena de veces. Quería recoger algunas cosas, dijo, «para recordarla». Menos de una semana después Sealy descubrió esas cosas que recordaban a la mamá de Baker en la vitrina de una casa de empeños.

Sí, el árbol familiar de Baker era un desastre, especialmente con relación a las finanzas. Por otra parte, cuando miraba a su alrededor a casi todos los demás, a la única conclusión que podía llegar era que las deudas y el estrés financiero solo eran parte del éxito. Por eso aunque no le gustaba la presión, la consideraba normal. Sin embargo, en el fondo de su mente el agricultor sentía que estaba corriendo por el borde de un precipicio. Los gastos y los ingresos se habían equilibrado muy de cerca por años, pero siempre vivía con miedo respecto a lo único que mantenía a raya a los bancos. Sus cultivos.

Una cosecha copiosa era la única manera de pagar la carta. Un agricultor solo podía esperar que sus cultivos tuvieran suficiente éxito para que le permitieran volver a empezar el año siguiente. Un antiguo adagio rezaba: «¿Qué te parecería tirar todo tu dinero al suelo, y esperar que quedara suficiente para recoger varios meses después, de modo que puedas volver a tirarlo al suelo?».

Sí —pensaba a menudo Baker—, *los agricultores alimentamos al mundo, y también mantenemos en el negocio a las empresas de antiácidos.*

Este era un dilema exclusivo de la agricultura. ¿Habría demasiada lluvia o no llovería suficiente? ¿Sería demasiada la cantidad de pesticida? ¿Demasiado fertilizante? ¿O no habría suficiente de lo uno o lo otro? ¿Demasiado sol? ¿Iría todo este viento a secar las hojas? ¿Habría suficiente viento para la polinización? ¿Plantaría demasiado temprano? ¿Demasiado tarde? Por desgracia para los agricultores, en realidad era cierto el dicho: después de la guerra todos somos generales. Las conjeturas nunca terminaban.

Junio pasado había sido la primera vez que Baker no había hecho un pago. Parecía como si la lluvia, que se había necesitado con desesperación meses antes, no dejaría de caer durante la primavera. Graves tormentas habían lavado las eras de semillas de maíz casi inmediatamente después de plantarlas. Los granos que no brotaron surgieron en masa que finalmente se redujo a papilla en descomposición por las semanas de lluvia que siguieron.

Ese mes Baker no hizo pagos para la tierra *y* la casa, y usó el dinero en replantar el campo en septiembre. La col rizada y el brócoli tuvieron un buen comienzo, y Baker estaba optimista en que enderezaría su nave financiera con la cosecha en noviembre, pero cuando octubre pasó sin ninguna lluvia en absoluto, supo que estaba en problemas.

Durante un tiempo parecía como si las cosas fueran a resultar. Baker y Sealy habían hablado con sus acreedores acerca de un esfuerzo final con el trigo; y aunque ninguno de ellos estaba contento, todos sabían que no había otra alternativa que intentar. Llovió justo la cantidad correcta en los primeros meses del año nuevo, y cuando el clima se calentó significativamente, el trigo era un espectáculo para la vista: más grande y más grueso cada día. Baker y Sealy conducían a menudo por la orilla del campo y observaban alegres mientras los vientos provocaban remolinos en la elevada hierba.

Sus ánimos estuvieron en alto hasta varias semanas antes de la proyectada cosecha en que Baker observó que algunas plantas tomaban coloración marrón. Nunca antes había sembrado trigo, pero había seguido costumbres comunes y había utilizado consejos de agricultores locales o que encontrara en línea. Había estado observando cuidadosamente el contenido de humedad, que siempre había permanecido dentro de los parámetros establecidos para su región. *Quizás* —pensó—, *esta solo es una pequeña sección del campo que recibió menos lluvia.* Pero no, una semana después las plantas cafés y marchitas proliferaban por todas partes.

Fue la mosca del Hess, le informaron a Baker, una de las pestes más devastadoras del trigo en todo el mundo. El agente agrícola del condado calculó que el campo de Baker estaba infestado en un nivel de cincuenta y ocho por ciento. Desde luego, eso significaba una pérdida total. No había cosechadora que pudiera segar un campo y escoger solamente los tallos de trigo que no estuvieran afectados.

Durante más de una semana después del traumático pronunciamiento acerca de su campo, Baker había mantenido viva la chiflada idea de que tal vez él y su familia podrían cosechar a mano el trigo bueno, y por lo menos quitarse de encima a los acreedores. Entonces, hace tres días, habían aparecido los estorninos.

Esto era absolutamente increíble. Baker nunca había sido particularmente religioso, y sin duda el año pasado no se había enrumbado en esa dirección; no obstante, simplemente le era inconcebible que múltiples desastres de esta magnitud pudieran caerle encima por casualidad. Primero demasiada lluvia, seguida por escasa lluvia. Luego, al fin, cuando la lluvia finalmente cayó en la cantidad perfecta, bichos arruinaron el cultivo y aves se comían el resto. Baker concluyó que esta era una plaga de proporciones bíblicas.

En esta mañana particular el campo de Baker no fue el único blanco de los estorninos. Otros agricultores de la zona también resultaron afectados, pero por el momento a Baker solamente le importaba su campo. Las aves llegaron aquí por millones. Le dijeron que las enormes bandadas no habían invadido el condado Baldwin en años. Sin embargo, aquí estaban, solo para él parecía, y durante el año que realmente importaba.

Baker Larson estaba a punto de perderlo todo. Se le acabaron las jugadas, estaba inconsolable, sin esperanza, y lleno de ira. Además tenía una escopeta.

Al llegar a la esquina sureste de su campo, Baker desaceleró brevemente la camioneta y miró el cielo saturado de aves antes de poner la palanca en baja velocidad y surcar la amplia zanja frente a él. Había cuatro entradas a la parcela de veinticuatro hectáreas que el hombre podía haber usado, pero estaba tan enfurecido al ver la destrucción alada y al pensar en su vida arruinada que no se tomó el tiempo. Condujo hacia el trigo perdido, haciendo patinar las llantas y maldiciendo, hacia la mayor concentración de estorninos.

Momentos más tarde, aún a doscientos metros de distancia de las aves, Baker se detuvo y observó. Sus ojos se habían enfocado en las bandadas que volaban en el aire, pero debajo de ellas había alguien. Era un hombre, concluyó Baker, un anciano e indudablemente un lunático. El tipo estaba inclinado, girando y agitando los brazos. Primero un brazo se estiraba y oscilaba o se movía, luego el otro. Luego ambos brazos al mismo tiempo.

Baker observó tan solo por un minuto antes de poner la palanca en modo de estacionar. Al bajarse de la camioneta, pensó: *le pondré un alto a esto.* Vio que las aves volaban juntas, en algún extraño movimiento que hacía parecer que la bandada tuviera mente propia. Y parecía que los pájaros se mantenían cerca del tipo chiflado, volando por encima y alrededor de él. Parecía como si el anciano estuviera disfrutando el espectáculo y que las oscilaciones de sus brazos intentaran seguir el movimiento de la bandada. Fuera como fuera, Baker pretendía matar unas cuantas aves y sacar al viejo de su tierra. Al menos mientras aún fuera su tierra.

El agricultor había cerrado la puerta de la camioneta al salir y no se molestó en abrirla de nuevo. Simplemente estiró el brazo por la ventanilla abierta del conductor y sacó una escopeta del armazón que había sobre la ventanilla trasera. Baker mantenía vacía la recámara, pero el cargador estaba totalmente lleno. Se trataba de una Remington 1187, calibre 12, semiautomática. El cerrojo estaba abierto, así que cuando Baker empujó un proyectil se llenó la recámara con seis cartuchos y comenzó a caminar hacia el anciano, aún había tres proyectiles en el cargador.

A media que el joven agricultor tembloroso y sigiloso se aproximaba más y más al anciano, maniobraba para acercarse al maniático directamente por detrás. Era evidente que el sujeto estaba chiflado. Baker estaba seguro de eso ahora. Se hallaba a menos de cien metros y podía oír al hombre hablando o gritando a las aves, que seguían volando en extraños grupos compactos alrededor de él.

Baker Larson no lo sabía, pero estaba presenciando una nube de murmullo. No se sabe por qué lo hacen, pero de vez en cuando centenares de miles, a veces millones, de estorninos se reúnen en grandes bandadas de formas variables llamadas *nubes de murmullos*.

Después de décadas de observación, las investigaciones siguen siendo inciertas con relación a *por qué* los estorninos hacen esto. Las nubes de murmullos de estorninos son un ejemplo de «inteligencia de enjambre», que también se ve en grandes cardúmenes de peces. Hasta ahora ni siquiera los complejos modelos algorítmicos han podido explicar la habilidad única de las bandadas de estorninos para realizar acrobacia de grupo. Sin embargo, lo que sí se ha medido es el tiempo de reacción de las aves individuales volando como grupo. Al volar como si las controlara un solo cerebro, usan solamente un décimo de segundo para moverse como equipo o grupo y evitar con éxito colisiones en el aire.

Baker se acercó a diez metros. El chiflado al parecer estaba ajeno a su presencia, y los estorninos volaban tan cerca que el agricultor quiso agacharse. En vez de eso se llevó la escopeta al hombro, desactivó el seguro con el dedo índice derecho, y la apuntó hacia el centro de la nube. Baker jaló el gatillo tres veces en rápida sucesión, y las aves heridas llovieron alrededor de los dos hombres mientras la bandada escapaba aterrada.

Incluso mientras disparaba, Baker había mantenido la mirada en el anciano, quien tenía ambos brazos en el aire cuando los disparos desgarraron la bandada. Extrañamente el anciano no reaccionó al instante con el terror que Baker esperaba. Al contrario, apenas se movió y siguió con los brazos en alto por varios segundos mientras los estorninos huían y el eco de los disparos se desvanecía. Solo entonces el hombre dejó caer los brazos a los costados y con cuidado comenzó a darse vuelta.

El agricultor había avanzado dos rápidas zancadas después de los disparos, y cuando el objeto de su atención inmediata se volvió finalmente frente a él, Baker estaba aun más cerca y tenía el largo cañón apuntado a la cabeza del hombre. Tenía la mejilla apoyada en la culata, y el ojo derecho fijo en el cañón de setenta centímetros de largo.

—No se mueva, anciano —amenazó—. O lo despellejaré.

Cinco

E l círculo formado por el extremo de una calibre 12 puede parecer más grande de lo que en realidad es si la escopeta está cerca. Esto es especialmente cierto cuando el arma está apuntada entre los ojos de alguien. El viejo había recibido la orden de no moverse, y por el momento estuvo más que dispuesto a cumplir. Por otra parte, el agricultor que sostenía el arma estaba tan furioso que temblaba, un hecho que no escapó a la atención del anciano.

—¿Quién es usted? —exigió saber Baker—. ¿Qué está haciendo aquí?

La escopeta se balanceó otra vez. Sudor bajaba por la frente del agricultor y le entraba a los ojos, obligándolo a secarse la cara rápidamente con la mano izquierda. Volviendo a afirmar el agarre en el arma, se acercó aun más.

—¿Me oyó? Dije...

—Sí, te puedo oír —expresó el anciano en tono suave.

—¿Qué? ¿Qué? ¡Hable! ¿Cuál es su nombre? —gritó Baker al mismo tiempo que su lenguaje corporal se había vuelto más amenazante.

—Jones —contestó el viejo—. Mi nombre es Jones.

—¿Qué está haciendo aquí? Esta es propiedad privada.

—Sí, lo sé —asintió Jones—. Estoy donde debo estar. En realidad vine a verte. Solo que llegué un poco antes, es todo. No hay motivo para enojarse.

—Usted viejo fósil no sabe nada respecto a por qué yo podría estar enojado —espetó el agricultor sin despegar la mejilla de la culata—. Y no hay razón para que usted venga aquí a verme. No estoy contratando personal. Debería dispararle por entrar sin autorización.

En ese instante el comportamiento de Jones cambió de golpe. La mirada pasiva en su rostro desapareció. El hombre entornó los ojos como si hubiera tenido suficiente y dio un paso adelante, retirando de su rostro el cañón de la calibre 12 y arrebatándola de las manos del agricultor sin ningún esfuerzo. Apuntando el arma lejos de ellos en una manera obvia, Jones dio unos cuantos pasos a la derecha de Baker. De manera experta, al parecer, activó el seguro, expulsó el proyectil solitario de la recámara de la escopeta, y lo atrapó en el aire.

Volviéndose hacia Baker con el arma aún apuntada en una dirección segura, el anciano lanzó dentro del trigo el cartucho que quedaba. En ese momento la atención del viejo se dirigió hacia algo en el suelo. Se detuvo, poniendo la escopeta en la otra mano, y se agachó. Mientras lo hacía, su mirada se movió hacia arriba clavándose en los ojos del hombre más joven frente a él. Sin apartar la mirada, el anciano recogió con cuidado uno de los estorninos muertos.

Jones dejó de mirar a Baker y se colgó la escopeta en el hueco del brazo. Con gran cuidado puso al estornino en su mano derecha, donde el pecho aún sangrante del ave se apretó contra la palma. El pájaro era de color oscuro, pero brillaba con un fulgor acentuado por el patrón moteado típico de los estorninos. Aunque era un duplicado de millones exactamente iguales, el que estaba en la mano del anciano era maravilloso. Incluso muerto, sus plumas del negro más intenso parecían pulidas por las destacadas manchas verde oscuras.

En claro contraste con las oscuras y relucientes plumas estaba el pico amarillo brillante del ave. Ahora relajado, se hallaba levemente abierto, mostrando la diminuta lengua rosada que había protegido en vida. Más grande que el de un ave de tamaño similar, el pico del estornino es único en todo el mundo. Su suave curva sincroniza perfectamente con la finísima navaja de la lengua que origina la asombrosa habilidad para producir miles de sonidos diferentes.

—Esta era una hembra —informó el anciano mirando a Baker, moviendo el ave de una mano a la otra y girándola en el proceso.

Qué bueno —pensó el agricultor—. *Me alegra. Al menos ese será un nido menos de bebés que crezcan y destruyan la vida de alguien más.*

El viejo volvió a enfocar su atención en el ave. Ahora patas arriba en la mano izquierda, la cabeza del estornino yacía a un costado. El dañado pecho, abierto y repulsivo, era visible ahora, y las alas, capaces de volar a toda velocidad y hacer acrobacias solo momentos antes, colgaban flácidas y yacían abiertas de par en par.

Baker permaneció a un metro de distancia y no supo por qué sencillamente no se iba, pero recordó que el anciano aún tenía su escopeta, así que esperó y observó. Unos segundos antes había visto algo en el rostro del viejo que le había hecho querer huir. *¿Qué pasa con este tipo?* —pensó—. *¿Qué clase de mirada fue esa? Loco como una cabra y a punto de llorar al mismo tiempo... muy extraño.*

No obstante, el agricultor observaba. Estaba más que un poco exacerbado por sobre todo lo demás. *Yo soy quien está aquí con la vida arruinada, y este vejete está actuando como si yo le hubiera disparado a una de sus mascotas* —bramó Baker en silencio—. *¡Maldición, amigo! Acabemos con esto. Hay sopotocientos millones de estorninos volando por aquí, y cada uno de ellos es sencillamente como si fuera el único en la mano suya.*

Las alas abiertas del estornino revelaban la ausencia de manchas verdes por debajo. Eran de color negro azabache. El anciano se acercó el ave al rostro como si estuviera inspeccionándola tan detenidamente como podía. Por supuesto, Baker estaba muy cerca, y el ave prácticamente también estaba en su propio rostro. Mirando fijamente, el agricultor pestañeó dos veces. La mente se le aceleró. El tipo había puesto el dedo índice en las plumas del estornino presionándolas un poco. Cuando quitó el dedo, quedó una mancha blanca.

Baker volvió a parpadear y movió la cabeza para poder ver. Sí, allí estaba, una mancha blanca, un blanco brillante, justo en el centro de la parte inferior del ala derecha del estornino. ¿Era pintura? Creyó que no, en primer lugar no estaba seguro de dónde el anciano habría sacado pintura. Entonces, lo más extraño de todo, el viejo cerró las alas del estornino y metió al ave en su bolsillo.

Jones hizo una pequeña pausa por un momento antes de alejarse unos pasos, y en una manera experta, retrocedió el cerrojo de la escopeta con la mano derecha e inclinó la recámara hasta ver que estaba vacía. Solo después de haber hecho todo lo anterior, le pasó el arma al agricultor.

Baker permaneció boquiabierto, sin entender mucho lo que acababa de suceder. Realmente no había querido en primer lugar dispararle a este viejo, pero tampoco había pretendido dejar que le quitara el arma. Pero eso es lo que había hecho. Luego había permanecido aquí, como un idiota, ¡y había esperado hasta el final de alguna clase de funeral para un ave a que el tipo que le había quitado la escopeta se la devolviera!

—Mira aquí ahora, Baker Larson —declaró Jones ásperamente—. Sé que estás pasando una época difícil, pero si tu estúpida manera de pensar te lleva a apuntar escopetas a la gente, no habrá mucho que yo pueda hacer.

Entonces respiró hondo.

—Sigue actuando de manera *tan* ridícula, y tal vez no habrá mucho que yo *quiera* hacer —añadió.

—Oiga —replicó Baker como si acabara de despertar—. ¿Cómo supo mi nombre? ¿Nos conocemos?

—Por supuesto que nos conocemos, hijo. ¿Crees que saqué tu nombre del aire? Ahora siéntate, Baker.

Curiosamente, la potente voz a la que Baker obedeció sin chistar le recordó mucho a alguien de su pasado. Sin embargo, no podía ubicar el recuerdo, y el cerebro se le esparcía en varias direcciones a la vez.

—¿Qué estaba haciendo con esos pájaros cuando llegué? Y ese... el que usted tocó...

Baker había colocado la escopeta a un lado y observó cómo el anciano se ponía cómodo con las piernas cruzadas frente a él. Notando que Jones no había contestado su pregunta, lo interrogó más.

—¿Es Jones su apellido? ¿Es usted Sr. Jones? ¿De dónde es?

El anciano suspiró, y con esa exhalación también pareció disiparse la mayor parte de su irritación contra el joven delante de él. Entonces estiró la mano derecha y sonrió.

—Estoy pensando que deberíamos comenzar de nuevo. ¿De acuerdo? Soy Jones. No Sr. Jones. Solo Jones. Y por ahora soy de Fairhope.

Baker titubeó una fracción de segundo antes de extender también la mano.

—Qué bueno que no le disparé —dijo forzando una risita mientras agarraba la mano del anciano, mirando luego alrededor—. Ah... ¿qué estamos haciendo?

—Tú y yo estamos a punto de tener una pequeña conversación.

—Ah. Bueno, este, ¿sabe? Es un placer conocerlo y todo. Y siento lo que pasó hace unos minutos, pero este... en realidad tengo mucho que hacer. Así que... —balbuceó Baker comenzando a ponerse de pie. Antes que nada no estaba seguro por qué se hallaba en el suelo.

—Hijo —manifestó Jones—, no tienes nada que hacer.

—¿Qué? —objetó Baker atónito.

Se sentía ofendido. Al mismo tiempo la mente le registró el hecho de que el anciano frente a él tenía razón. No tenía nada que hacer.

—Sí, tengo algo que hacer —resopló de todos modos—. Voy a...

—*No* tienes algo que hacer —lo interrumpió sin alterar la voz.

Ante eso los hombros del agricultor se relajaron, y volvió a sentarse en el suelo.

—No tienes nada que hacer —continuó Jones como si no lo hubieran interrumpido—. Baker Larson, en este momento de tu vida no hay otro lugar al que puedas ir. Has corrido tan duro, tan rápido, y tan largo como has podido. Hasta este momento, exactamente aquí. Finalmente te has acorralado en este desastre de campo de trigo. Te has llamado agricultor, pero tú... tu padre... y el padre de tu padre... han estado plantando malas semillas durante muchos años.

El aire pareció salirse de Baker en ese momento. No había enojo, ni agresión. Quiso llorar, morir o fundirse en el suelo.

—¿Quién es usted, amigo? —preguntó a Jones—. En serio. ¿Por qué está aquí? ¿Por qué yo estoy aquí?

—¿Por qué estás aquí? ¿Por qué yo estoy aquí? —interpeló Jones inclinando la cabeza y con un esbozo de sonrisa en los labios—. Esas son preguntas que Sócrates y Aristóteles hicieron varios siglos atrás. ¿Sería posible que tú y yo encontráramos la respuesta hoy en el condado Baldwin?

—Sí, probablemente no —expresó Baker devolviéndole la sonrisa con una débil suya—. En realidad quiero decir... ah... imagino que quise decir: ¿por qué estamos juntos? ¿Me sucedió algo? Me estoy sintiendo extraño. Y sin ofender, pero me siento raro sentado aquí con usted. Creo que debo ir a casa.

Jones asintió con la cabeza.

—Lo que experimentas ahora... lo que haces, lo que piensas... No parece normal, ¿verdad?

—No —declaró Baker—. No lo parece.

—Bien... bueno —convino Jones entrecerrando los ojos como si se le ocurriera alguna fabulosa conclusión, y asintiendo de nuevo con la cabeza se le iluminó el rostro—. Estoy seguro de que esta es una sensación a la que puedes acostumbrarte. Y, mira, supongo que *tendrás* que acostumbrarte a ella si quieres de la vida algo distinto a lo que ahora tienes. ¿Correcto?

—¿Qué se supone que significa eso? —inquirió Baker con el ceño fruncido.

—Es muy sencillo, hijo —contestó Jones—. Normal no es el objetivo.

—No estoy... —comenzó a cuestionar Baker y se interrumpió—. ¿Qué?

—Normal —repitió Jones lentamente—, no es lo que quieres ser.

—¿No quiero ser normal? —preguntó Baker sin entender todavía—. ¿Qué? ¿Se supone que quiero ser *anormal*?

—Bueno, no tienes que expresarlo en esos términos —replicó Jones riendo—. Pero esa es la idea.

El anciano se echó hacia atrás apoyándose en un codo y estirando las piernas.

—Mira, Baker, has sido «normal» toda tu vida. ¿Cómo ha resultado eso?

El joven agricultor no contestó nada.

—Tienes treinta y siete años de edad y...

—¡Oiga amigo! —exclamó Baker poniéndose rígido—. ¿Cómo sabe cuántos años tengo?

—Pareces de treinta y siete —replicó Jones—. ¿Qué importa? Ese no es el punto. Lo importante es que durante muchos años has puesto demasiada atención en hacer cosas del modo que todo el mundo a tu alrededor considera normal. Tratar de conseguir algo grande haciendo cosas de la manera normal es como esperar ganar la lotería comprando un solo billete y siendo uno entre millones de personas que han hecho lo mismo. No es probable que ocurra.

—¿Conseguir algo grande? —gruñó Baker—. ¿De qué está usted hablando? Dejé de creer que iba a hacer algo grande en octavo o noveno grado.

—Por supuesto que lo hiciste —convino Jones extendiendo las manos y sonriendo—. Así lo hacen casi todos los demás. En realidad, a esa edad aquello es algo increíblemente *normal* de hacer.

—Estoy sentado en la tierra en medio de veinticuatro hectáreas de campo con un vejete al que casi le disparo hace unos minutos —replicó Baker inclinando la cabeza y lanzándole al anciano una mirada astuta—. Eso no es normal.

Jones rió y después de titubear brevemente, Baker hizo lo mismo.

—Está bien —comentó Jones—, ese es un buen inicio.

Con la misma rapidez que había reído un momento antes, el comportamiento de Baker se ensombreció de pronto.

—¿Qué tiene todo esto que ver conmigo? —preguntó—. Y usted... en serio, amigo. No lo conozco. ¿Qué hace usted?

—Imagino que podrías decir que estoy en el negocio del transporte, hijo —contestó Jones mirando atentamente al joven—. Ayudo a personas a ir de donde están... hacia donde desean estar.

Baker asintió con la cabeza, aunque no estaba seguro de haber creído eso. Pensó que el anciano parecía más un holgazán.

Estoy pensando en enseñar un poco de esa filosofía a algunas personas de por aquí —continuó Jones—. Pronto, en realidad. Algo como una clase informal. ¿Qué opinas?

—Sería algo diferente —contestó el agricultor sin entusiasmo.

—Tienes toda la razón —declaró el viejo alargando el brazo para darle una palmadita a Baker en la rodilla—. Gracias por señalar eso. Sería algo diferente. Por tanto, la clase absolutamente debe convocarse.

Jones se puso de pie y ayudó al joven a levantarse.

—Estaré en contacto puesto que debes asistir —concluyó volviéndose para alejarse.

—Espere —pidió Baker—. Amigo, agradezco el... este... el ánimo o lo que sea... usted sabe, todo lo que acaba de decir. Pero en realidad no lo conozco y... solo que le digo que estoy ocupado. Tengo mucho que se está derrumbando ahora mismo, y no sé nada de asistir a ninguna clase.

Jones retrocedió los pocos pasos hacia el agricultor y tendió la mano. Baker la tomó para despedirse, pero el anciano no se la soltó.

—Está bien, Baker. Comprendo totalmente —expresó el viejo aún sin soltar la mano del joven y sosteniéndole la mirada—. Sé que no quieres asistir a una clase o escuchar a... ¿cómo me llamaste antes?

Sonrió.

—Ah, sí, a un «viejo fósil». Pero no estás solo. Es más, la gran mayoría de personas son exactamente como tú. Nadie quiere asistir a una clase o escuchar a un viejo fósil. ¿Por qué? Porque eso no es normal.

Jones mantuvo apretada la mano de Baker y acercó el rostro un poco más.

—Si alguna vez escuchas que *alguien* va a decirte algo que te servirá el resto de tu vida, hijo, es mejor que escuches lo que estoy a punto de decirte ahora mismo —manifestó en voz suave pero seria, con una intensidad que crepitaba en el aire entre ellos—. Estoy a punto de entregarte el ancla básica en una doctrina de logro extraordinario que casi nunca se ha revelado. Durante siglos este principio ha estado oculto. Pero está oculto a plena vista. En lo profundo de la verdad de esta ley, el poder y la ineptitud libran una interminable batalla por supremacía. El principio tiene gran poder ya que cualquier persona que así lo desee puede aprovecharlo fácilmente. Pero también presenta la mancha de la ineptitud porque aun con mayor facilidad se le hace caso omiso. ¿Aprovecharás el principio, o le harás caso omiso? Escucha con atención...

Jones hizo una pausa para respirar a fondo, y comenzó a pronunciar las palabras que un día cambiarían la vida y el legado de Baker.

—Si haces lo que todos los demás hacen, estás haciendo algo equivocado. ¿Por qué? La mayoría de personas no están obteniendo resultados que se consideren extraordinarios. Si tu pensamiento te está llevando a hacer lo que todos los demás hacen, solo estás contribuyendo con la mediocridad. Aunque estés contribuyendo con la mediocridad a un alto nivel, sigue siendo... mediocridad.

Jones volvió a hacer una pausa para que las palabras se asimilaran.

—¿Quieres ser mediocre? ¿Quieres una vida mediocre o un estilo mediocre de vida? ¿Quieres un matrimonio mediocre? ¿Quieres criar hijos mediocres? ¿Quieres una vida espiritual mediocre? ¿Quieres resultados económicos mediocres? ¿Quieres una mediocre cantidad de influencia para el bien en tu comunidad?

Otra pausa.

—¡No! ¡Desde luego que no! Si pudieras agitar una varita mágica sobre tu vida crearías resultados en cada segmento de tu existencia que están muy por encima del promedio. Crearías consecuencias, crearías una vida que fuera extraordinaria en todo sentido. Por tanto, a fin de producir resultados que estén muy por encima del promedio, resultados que sean extraordinarios, no puedes darte el lujo de pensar del modo en que piensa el promedio de personas. No puedes actuar como actúa la gente mediocre. No puedes ser lo que son los individuos mediocres... lo cual es normal.

Los ojos azules de Jones atraparon a Baker por unos segundos más. Este deseó que las palabras que el anciano enunciara se le profundizaran en el corazón y la mente. El viejo finalmente sonrió y estrechó la mano que ya sostenía.

—Te veré pronto —concluyó Jones soltándole la mano y palmeándole el hombro—. ¿Sí?

—Sí —contestó el agricultor.

Sin decir más, Jones miró alrededor y se orientó para regresar caminando al pueblo. Agitando la mano echó a andar por el inmenso campo, a través de los tallos de trigo que le llegaban hasta la cintura.

Baker lo observó por un instante, luego se volvió e inició su propia caminata hacia la camioneta. El granjero no estaba totalmente seguro de lo que acababa de suceder, pero se sentía diferente, mejor, de lo que había estado treinta minutos antes. Se preguntó si en realidad volvería a ver al viejo y chiflado amigo.

Al llegar al vehículo abrió la puerta antes de que se le ocurriera que pudo haber ofrecido, y que tal vez debió ofrecer, a Jones un aventón de vuelta a Fairhope. No era demasiado tarde, pensó Baker, pero cuando giró y examinó el campo en toda dirección, el anciano no estaba a la vista por ninguna parte.

El joven agricultor frunció el ceño. *¿A dónde pudo haber ido?*

Poco a poco una sonrisa comenzó a extendérsele por el rostro. Luego rió a carcajadas y se trepó a la gran F-150. Aún estaba riendo cuando hizo girar el encendido.

—No sé cómo saliste del campo tan rápido, anciano —pronunció Baker en voz alta cuando ponía al vehículo en marcha—. Pero fuera lo que fuera que ocurrió... sin duda no era normal.

Seis

Kelli Porter agarraba de la mano a Bart, su esposo, mientras miraba al otro lado de la bahía desde el asiento de pasajero del todoterreno blanco que poseían. Se estaban deteniendo momentáneamente, el salón de Veteranos de Guerras Extranjeras a su derecha, en la única luz de precaución sobre la pintoresca carretera 98.

—Creo que vamos a llegar un poco temprano —comentó Bart—. ¿Te parece que así es?

—Eso creo —respondió Kelli sin volver la cabeza—. ¿Cuánto tiempo va a durar esta noche?

—En realidad no estoy seguro —contestó Bart, acelerando el potente vehículo hacia el sur, lejos del pueblo, a lo largo de la fascinante carretera de dos carriles.

La mirada de Kelli permanecía enfocada en la amplia extensión de agua a la derecha, al tiempo que observaba la posición del sol. Eran las 6:40 p. m., aún a cuarenta y cinco minutos de distancia, según calculaba la mujer, desde la versión local de ellos de la aurora boreal de Canadá o Yellowstone's Old Faithful. Se trataba de un hecho cotidiano que asombraba tanto a locales como a visitantes. El atardecer en la bahía Mobile se había convertido en un acontecimiento tradicional, en un momento deslumbrante, cuando la enorme y ardiente bola de fuego caía dramáticamente al agua.

—Sin duda los muchachos estarán afuera ahora —susurró Kelli.

—Podemos dar media vuelta... —opinó Bart riendo y apretando la mano de su esposa.

—Nooo —objetó ella, alargando la palabra; de pronto respiró hondo, exhaló con la misma rapidez, y se movió un poco en el asiento como para restablecer sus pensamientos y concentrarse—. Tengo curiosidad por todo el asunto de esta noche. Aunque me muera al estar adentro cuando el sol se ponga.

—Hemos vivido aquí por quince años, Kelli. ¿No has visto suficientes puestas de sol?

Se miraron rápidamente mientras Bart se detenía en otro semáforo. No eran necesarias las palabras. Ambos conocían la respuesta a esa pregunta tonta.

Para familias como los Porter que viven a lo largo del paseo marítimo conocido como Eastern Shore, la puesta del sol es un espectáculo que casi nunca se pierden. La gente planifica horarios diarios cerca del momento en que saldrán de sus casas a finales de la tarde para conducir, montar en bicicleta o caminar hasta la bahía. Se saludan entre sí como viejos amigos (sea que reconozcan a alguien o no) y disfrutan las risas de los niños que juegan en grupos al borde del agua, empapándose y salpicándose unos a otros con su mejor ropa.

Cuando el sol comienza a acercarse al líquido horizonte, un silencio se posa sobre la multitud. Esperando... esperando... todo es silencio hasta el mismo instante en que el objeto que los tiene reunidos se sumerge en el borde líquido en la bahía. Cuando el sol toca el agua, cincuenta o cien niños producen un sonido crepitante. *Ssss...* entonces las crepitaciones se disuelven en risitas, las risitas en carcajadas, y las carcajadas en una salva de aplausos.

Kelli vio a su futuro esposo por primera vez durante su primer año de universidad en el estado de Ohio. Él llamó la atención de ella en historia universal cuando el graduado asistente que dictaba la clase pronunció mal la frase «a todas luces». Cuando el joven profesor expresó «a todas les luces», Bart lanzó una risa infernal a través del pasillo, y Kelli rió a carcajadas.

La risa incontrolada horrorizó a Kelli, pero le brindó a Bart la oportunidad que había estado buscando para acercarse a la hermosa muchacha. Sin embargo, inmediatamente después de clases había sido ella quien hablara primero. Sonrió y dijo: «*Eres* malo»

Ágil de mente, Bart le devolvió la sonrisa y respondió: «A todas las luces que eso tal vez sea verdad».

Para el fin de semana estaban almorzando juntos. Al final del mes estaban saliendo. Y para Navidad, Bart sabía que algún día se casarían. Kelli necesitó un poco más de tiempo para convencerse, pero cuando llegó el momento de la graduación varios años después, ya habían fijado la fecha de la boda.

La joven pareja se reubicó varias veces antes de instalarse definitivamente, para asombro de sus amigos, en lo que el resto del país consideraba como «el profundo sur». Bart trabajaba en una posición ejecutiva como analista económico para una gran compañía de seguros en Nashville, Tennessee, mientras Kelli hacía uso de su talento y habilidad como artista gráfica independiente.

De vacaciones después de tres años de matrimonio, habían conducido todo el recorrido por la Interestatal 65 hacia Mobile, Alabama, desviándose por el centro de Fairhope en su camino a la playa. Encantados por la variedad de pequeñas tiendas e increíbles restaurantes repartidos por toda la hermosa aldea, la pareja nunca llegó a la costa. Y sucedió así que durante unos días de turismo, Bart y Kelli llegaron a la conclusión de que deseaban más de una visita. Esa misma semana decidieron mudarse a Fairhope, lo que a los seis meses se hizo realidad.

Ahora, década y media después, ellos eran residentes establecidos. Con tres hijos menores de doce años, Kelli había recortado considerablemente su carrera en diseño gráfico, pero ya que la mayoría de contactos, correspondencia e incluso el trabajo actual se hacían en línea, aún se las arreglaba para agregar una importante suma al ingreso familiar.

Bart simplemente cambió de ubicación y continuó con su trabajo en la compañía de seguros, la mayor parte del cual también lo hacía en línea. Ambos eran mutuamente felices, económicamente estables, y estaban decididos a ser buenos padres. Ese deseo particular de criar chicos excelentes era la razón en ese mismo instante de que los esposos estuvieran atravesando el estacionamiento hacia la entrada principal del Grand Hotel.

—Dime otra vez quién es este tipo —pidió Kelli.

—Querida, te he dicho todo lo que sé —contestó Bart tomándola de la mano y continuando con la caminata—. Estaba anunciado en la librería. Lo oí, o me lo dijeron... bueno, ellos dicen que es un experto.

—¿En...? —replicó la esposa.

—¿En? ¿Qué quieres decir, con «en»? —cuestionó Bart, un poco confundido ahora.

—¿En qué? ¿En qué es experto el sujeto? Quienquiera que «ellos» pudieran ser... *ellos* dijeron que él era un experto. ¿Y entonces? ¿Un experto en qué?

—Bueno... —titubeó Bart, de repente inseguro—. Bueno, en crianza de hijos, supongo.

—¿Supones? —objetó Kelli con las cejas arqueadas, soltándose de la mano de Bart, dejando de caminar, y mirándolo a los ojos—. *¿Supones* que este hombre es un experto en crianza de hijos?

—Kelli —respondió Bart con exasperación en la voz—. El tipo está enseñando una clase sobre crianza de hijos. Por tanto, sí, *supongo* que es un experto en crianza de hijos.

La principal tentación de Kelli fue agarrar la palabra «supongo» y golpear la cabeza de su marido con ella por arrastrarla hacia algo de lo que evidentemente él no sabía nada en absoluto. En vez de eso, asintió poco a poco y permaneció en silencio cuando giraron y entraron al hotel. Estaba agradecida por estar casada con un hombre tan decidido a ser un gran padre. Kelli sabía que esta atención intensa hacia todo lo relacionado con ser padre era el resultado de que su esposo se hubiera criado sin uno. El padre había abandonado a la familia seis semanas antes de que Bart naciera, y nunca lo habían vuelto a ver.

Kelli notó para sí que el lento y silencioso asentimiento había tenido el efecto deseado. Bart se calmó rápidamente de lo que estuvo a punto de convertirse en una riña. Ella había aprendido el método de «lento asentimiento con silencio» en una clase matrimonial a la que habían asistido varios años antes. Kelli creía (pero no lo decía en voz alta) que esa clase la había dictado alguien que realmente había sido un experto.

¿Así que quién —se preguntó mientras caminaban hacia el salón de reuniones—, *es este tipo?*

El Grand Hotel Marriott era llamado acertadamente. Los robles centenarios y las grandes magnolias proporcionaban un fondo para la estructura exquisita y natural de madera del lugar. Cenas de lujo, un spa fabuloso, piscinas, lagos y un campo de golf son parte de por qué el Grand Hotel es de por sí un destino.

A menos de cinco minutos de Fairhope por la pintoresca 98, la propiedad del Grand Hotel está ubicada en una excelente zona costera de inmuebles conocida como Point Clear. Proyectado hacia el oeste en la histórica bahía Mobile, el punto mismo permite a cada huésped una extraordinaria y memorable vista de asombrosas puestas de sol día tras día, cada una más espectacular que la anterior.

Atravesando los increíbles corredores, la pareja encontró el sitio de reuniones e ingresó. Kelli se dirigió resueltamente hacia las dos únicas sillas en el salón.

—¿No quieres venir conmigo? —inquirió gesticulando dramáticamente, tratando de calmar la tensión—. Estas son las últimas sillas en la casa, y no las queremos perder. *Ellos* dicen que el maestro es un experto.

Con eso, Kelli se sentó palmeando el asiento vacío a su derecha.

Bart no tuvo más alternativa que sentarse, y cuando lo hizo, Kelli cruzó los brazos.

—Muy bien, aquí estamos —comentó ella—. Son las diecinueve horas en punto. ¿Ahora qué?

El «ahora qué» entró al salón segundos después. Jones estaba exactamente a tiempo, como siempre. Bart miró a su izquierda, y si él mismo no hubiera estado tan desconcertado podría haber soltado la carcajada ante la horrorizada expresión en el rostro de Kelli.

Era evidente que el anciano no era lo que ella había esperado.

Siete

Jones vestía como siempre, jeans y camiseta blanca, con sandalias de cuero. El cabello blanco como la nieve no estaba desarreglado, pero tampoco nítidamente peinado. Sin embargo, se veía limpio y era suficientemente largo para peinarse fácilmente con los dedos hacia atrás, y por detrás de las orejas en los costados.

—Buenas noches, Kelli. Hola, Bart —el hombre saludó a los Porter estrechándoles las manos.

Retrocediendo algunos pasos se sentó rápidamente en el suelo con las piernas cruzadas frente a ellos y sonrió. Sus ojos azules centelleaban contra el fondo de piel oscura y cabello blanco.

—Mi nombre es Jones —anunció—. Soy el instructor elegido para este tiempo particular en sus vidas.

Bart y Kelli habían intercambiado una mirada cuando Jones se sentó en el suelo. Desde el momento en que el anciano entró al salón, ambos quedaron sorprendidos por el gran abismo que apareció al instante entre sus expectativas de una clase de crianza de hijos y cualquiera que fuera esta realidad sentada frente a ellos. Fueron tomados tan de sorpresa que no se preguntaron hasta mucho después cómo el anciano les conocía los nombres.

Jones puso los codos en las rodillas y se inclinó hacia adelante.

—Confío en que al final de nuestro tiempo juntos —manifestó él, aún sonriendo—, habremos encontrado tesoros en formas y maneras inimaginables para ustedes ahora mismo.

Kelli alargó la mano hacia la de Bart y la tomó sin dejar de mirar al anciano.

—Tenemos algunos minutos antes de comenzar el trabajo serio —anunció Jones—. Me gustaría saber un poco acerca de su familia y su trabajo. ¿Les importa? Sé que ustedes tienen tres hijos... ¿cuáles son sus edades?

—Perdóneme —respondió Bart—, pero ¿cómo es que sabe algo de nuestros hijos? No quiero ser grosero...

—Ah, lo siento —expresó Jones—. No es mi intención hacerte sentir incómodo. Esa es una hermosa pulsera de dijes, Kelli. ¿Fue un regalo?

Kelli levantó el brazo sin pensar y miró por un instante la pulsera. Lo primero que le llegó a la mente fue decirle al anciano que no era asunto suyo si aquel fuera un regalo o no. Quiso preguntar qué tenía eso que ver con el tema y anunciar que ella y su esposo iban a irse. Más tarde Kelli se preguntó por qué no había soltado ninguna de estas cosas. Pudo haber habido cualquier cantidad de razones, concluyó ella.

—Sí —contestó a la pregunta del anciano por la pulsera de dijes—. Fue un regalo de Bart en nuestro primer aniversario.

—Es hermosa —comentó Jones; mirando a Bart, pareciendo que cambiaba de tema—. Ahora bien, preguntaste cómo sé algo acerca de tus hijos... Las cosas son bastante fáciles de imaginar si una persona obtiene el hábito de observar.

Ellos desearon que él continuara, pero el viejo simplemente los miró y permaneció callado.

—¿Y? —preguntó finalmente Bart—. ¿Qué observó usted?

—La pulsera de dijes —contestó Jones ampliando la sonrisa en los labios—. Observé la pulsera de dijes, lo cuales son muy encantadores. Estoy seguro de que allí hay una interesante historia para cada uno. No obstante, tres de los dijes, excepto por una ligera variación y por su color, son casi idénticos. Son zapatitos de bebé. *Tres* zapatitos de bebé que significan sus tres hijos. Por sus formas, su color y su grado de desgaste, creo que sus tres hijos son un niño y dos niñas. El chico es el mayor.

—¡Vaya! —exclamó Bart, mirando brevemente y boquiabierto la pulsera en la muñeca de su esposa—. Está bien.

Entonces recuperó la compostura.

—Soy analista financiero. Trabajo principalmente con la industria de seguros —continuó él, entonces sonrió y fingió mirarse las manos y los brazos—. Sin embargo, usted ya podría haber supuesto eso.

Todos rieron.

—Así que, sí, tenemos tres hijos. Art tiene doce, y sí, es el mayor. Luego las niñas... Donna de diez. Nuestra bebita, Lucy, acaba de cumplir cinco. Señor Jones, usted me resulta muy familiar. ¿Nos hemos visto alguna vez?

—Antes que nada —contestó el anciano—, llámame Jones. No Sr. Jones. Solo Jones. Y en cuanto a habernos conocido... mi conjetura sería que sí, en algún momento, sin duda nos habremos visto.

Sin más explicación o ni siquiera conformidad de parte de Kelli, Jones volvió a cambiar el tema.

—Nuestra clase está reunida —declaró mientras se sacudía los muslos con las palmas—. Son las diecinueve horas y ocho minutos...

Bart miró el reloj y otra vez a Jones, quien siguió hablando. Volteó a mirar a su esposa y otra vez al anciano antes de retorcerse en la silla. Miró directamente detrás de él, esperando ver un reloj en la pared, pero no había ninguno a la vista.

Después de soportar pacientemente los movimientos de Bart, Kelli puso la mano en el brazo de su esposo. Hizo esto mientras mantenía la sonrisa intacta y la mirada fija en Jones, ejecutando a la perfección la maniobra «quedarse quieta» que las esposas tienden a usar en sus esposos e hijos.

El hombre volvió a quedar en babia ante las palabras de Jones.

—La puesta del sol es a las diecinueve horas y cincuenta y cuatro esta noche, pero el sol tocará el agua un poco antes —estaba diciendo el anciano, entonces se dirigió a Kelli—. Yo también disfruto los atardeceres. Tengamos afuera esta clase nocturna.

Kelli Porter estaba ahora tan boquiabierta como su esposo había estado un momento antes.

Mientras se ponían de pie, Jones caminó hacia la puerta.

—Opino que nos reunamos en el extremo del muelle—declaró.

El anciano ya estaba afuera para cuando los Porter llegaron a la puerta. Se encogieron de hombros uno al otro y se apuraron a seguirlo.

Aparte del viejo, no había nadie más por ahí mientras Bart y Kelli se dirigían a la estructura de madera. Jones ya había pasado hasta el extremo del muelle y, de espaldas a ellos, miraba a través de la bahía con el sol en el oeste.

—No nos quedaremos mucho tiempo esta noche —expresó por sobre el hombro—. Sugiero que usemos la despedida inminente del sol como una cuenta regresiva de la clase.

Jones se volvió y miró a la pareja. Una ligera ventisca le movió la camisa y le revolvió el pelo canoso.

—Tenemos exactamente treinta y cuatro minutos —siguió diciendo con el indicio de una sonrisa—, antes de que el borde inferior de nuestro sol se encuentre con el horizonte creado por el agua de esta bahía. Considerémoslo un símbolo de oportunidad paternal deslizándose a través de nuestros dedos, algo irrecuperable.

Indicándoles a Bart y a Kelli que se le unieran en la barandilla, Jones se dio vuelta y volvió a quedarse callado, esta vez por varios minutos. Los Porter esperaron incómodos. Sintieron de mala educación decir algo al momento, pero si hubieran hablado entre ellos habrían estado seguros de hacer notar que esto no se parecía a ninguna clase, de crianza de hijos o de cualquier otra cosa, que alguna vez hubieran experimentado.

—Cuando comprendemos de verdad la naturaleza fugaz del tiempo —manifestó finalmente Jones—, la urgencia reconocida crea a menudo un mayor grado de enfoque. Estamos a treinta y un minutos de la puesta del sol.

El viejo se había inclinado contra la barandilla, los antebrazos pegados a la parte superior, mirando hacia la derecha. Kelli comentó más tarde que fue como si él estuviera mirando más allá del sol.

—Veintiocho minutos ahora —informó delicadamente—. Observen de cerca. El movimiento del sol es muy parecido a los años de formación en la vida de un niño. Los padres pueden ser ciegos al paso del tiempo. También podemos ser ciegos a la verdad de lo que está sucediendo a nuestro alrededor durante ese paso del tiempo. Creemos estar poniendo atención, pero parece que el sol no se mueve. Así que debido a que nada *parece* estar sucediendo, rápidamente nos aburrimos y miramos hacia otro lado. Solo instantes pasan antes de mirar hacia atrás y darnos cuenta de que el sol, o nuestro hijo, se han movido significativamente. O se han ido por completo.

Jones hizo una pausa.

—Veintisiete minutos —comunicó y se volvió para mirar directamente a Bart y Kelli, con las manos metidas cómodamente en los bolsillos—. Creo firmemente que demasiados hijos tienen padres que intentan hacer lo mejor que pueden. ¿Por qué están ustedes aquí?

Ellos intercambiaron una mirada incómoda. No sabían hacia dónde se dirigía el anciano. *¿Por qué están ustedes aquí? ¿Qué clase de pregunta es esa?*, se cuestionaron, mientras partículas subatómicas de duda comenzaban a salir de manera espontánea de la pareja que estaba deseando no haber venido.

—¿Bart? ¿Kelli? Ustedes tienen tres hijos —instó suavemente el anciano antes de inclinar la cabeza y mirar hacia el cielo como si estuviera tratando de recordar algo justo más allá de sus pensamientos—. Art, quien tiene doce. Donna...

Sonrió a Kelli.

—Dijiste que Donna tenía diez...

Ella asintió con la cabeza hacia el anciano y agarró la mano de su esposo.

—...y Lucy tiene cinco. ¿Correcto? —terminó Jones aún sonriendo.

Kelli y Bart asintieron y se inclinaron hacia adelante como si se estuvieran concentrando de forma poderosa. Bart respiró profundamente, preparándose para hablar.

—Tres preguntas rápidas —continuó el instructor levantando tres dedos, interrumpiendo antes de que Bart comenzara cualquier cosa que estuviera a punto de expresar—. Esto solo llevará un momento.

Antes de que uno de los dos pudiera replicar, Jones puso un dedo al frente.

—Como padres, ¿creen ustedes que están haciendo lo mejor que pueden, y que se han esforzado por mantener esa norma por más de doce años?

La pareja pestañeó, luego se miraron brevemente.

—Sí —contestó Kelli—. Yo sí. Es evidente que siempre hay espacio para mejorar como padres. Este... es decir, como seres humanos seguramente queremos mejorar... crecer... Es decir, volvernos mejores... o más eficaces...

Kelli estaba qué decir, balbuceando un poco, y miró a su esposo por un instante tratando de calmarse. Aunque las palabras le brotaron en desorden, transmitieron lo que pretendía.

—Yo sí lo creo —continuó—, es decir, tanto Bart como yo creemos... desde luego con todas las herramientas disponibles para nosotros como padres en forma de libros e investigaciones recientes, creemos que sí... así es, actualmente estamos haciendo lo mejor que podemos, y queremos seguir haciéndolo.

Kelli levantó la barbilla, mirando a Bart, quien asintió con la cabeza y volvió a enfocarse en Jones.

—Sí —declaró ella una vez más—. Lo estamos haciendo.

—Bien —asintió Jones plácidamente—. Yo también lo creo. Tengo toda la confianza del mundo en que ustedes en realidad están haciendo lo mejor que pueden.

El anciano levantó dos dedos.

—Segunda pregunta. Si los mejores padres de la sociedad, los padres más tiernos, los más determinados, los *más preocupados*, están criando a sus hijos con la mira puesta en un objetivo llamado «hacer lo mejor que podemos», ¿están todos aspirando a lo mismo?

La extraña pregunta quedó en el aire por un minuto mientras la pareja, ya no tan segura, reflexionaba en ella. Bart y Kelli se miraron de manera inquisitiva por un momento antes de volver a enfocarse en el anciano.

—No lo sé —contestó al fin Bart.

—¿Se atreven a aventurar una respuesta?

No lo hicieron, así que el viejo continuó con más del tema.

—Creo que la mayoría de padres no son diferentes a ustedes. Creo que en su mayor parte probablemente están haciendo lo mejor que pueden. Sin embargo, ¿qué *es* eso exactamente? ¿Qué directrices ha establecido la sociedad como el mejor método para educar a los hijos? ¿Qué reconocen los padres modernos como la norma de oro para criar hijos? ¿Alguna pista?

Bart pareció como si hubiera estado feliz de saltar sobre la barandilla del muelle y ponerse a nadar. Kelli también estaba confundida. *¿Qué* —se preguntaron—, *había de malo en hacer lo mejor que se puede? ¿Cómo podía cualquier padre hacer algo superior a lo mejor que podía hacer?* Por mucho que intentaron luchar, los dedos de la duda estaban comenzando a tocar con nerviosismo la mente de Bart y Kelli Porter.

¿En qué están de acuerdo los padres de hoy como norma de oro para criar hijos? Incapaces de responder lo que parecía incómodamente casi un reto personal, los dos se miraron, muy conscientes de ser los únicos participantes en una clase de crianza de hijos que hasta aquí solamente había logrado desestabilizarlos.

Mientras cavilaban en la segunda pregunta, Jones llamó en voz más alta de la que había estado usando.

—¡Deja de esconderte ahí! —exclamó el anciano con una divertida sonrisita de suficiencia en el rostro, mirando más allá de los Porter—. Si tienes intención de quedarte, lo menos que puedes hacer es venir aquí y ayudar.

Bart y Kelli se volvieron para ver a un hombre en el mirador del muelle. Al él levantarse y acercarse al pequeño grupo se hicieron evidentes dos cosas. Primera, al estar ubicado por debajo de la barandilla del mirador y detrás de un enorme contenedor de basura, era claro que intentaba pasar desapercibido; segunda, estaba apenado porque lo habían atrapado.

Al ver la vergüenza evidente en el rostro del hombre, Jones rió alegremente.

Ocho

¿Cómo me había visto? Yo había salido caminando hacia el muelle mientras el anciano y la pareja estaban de espaldas. Me hallaba totalmente oculto detrás del enorme contenedor de basura, y sin embargo, él me había descubierto.

Solo unos pocos días antes me había emocionado al ver a Jones en Fairhope. Desde esa reunión inesperada estaba muy entusiasmado acerca del evento del jueves, alrededor del cual había planeado toda la semana. Previendo que el enorme salón de baile del Grand Hotel estaría repleto con padres de familia, llegué temprano pretendiendo conseguir un buen asiento para la clase. Por desgracia mi celular sonó mientras entraba al estacionamiento del hotel.

En la pantalla del teléfono apareció: «Matt Baugher». Era mi editor. El simple hecho de ver su nombre allí en mi mano me evocó nubes tormentosas de culpa que amenazaban agobiarme; el caso es que al no haber entregado a tiempo mi último manuscrito me resultaba imposible hacer caso omiso a esa llamada. Hasta cierto punto yo sabía que mi situación también había creado problemas profesionales a Matt. Como editor de obras de no ficción para una de las compañías editoras más grandes del mundo, él también tenía plazos. Así que por mucho que quisiera hallar un hueco dónde meterme, por mucho que deseara huir, contesté el teléfono y hablé con Matt durante casi cuarenta minutos.

Cuando finalmente nos despedimos, me sentí peor. Por un lado sabía que o era muy tarde para la clase de Jones o que la había perdido por completo, pero la razón principal de mi estado de ánimo era Matt. Si él me hubiera gritado o amenazado con acciones legales, pude haberlo aceptado. Pero no, Matt fue agradable. Habló, rió y me aseguró que no estaba preocupado en lo más mínimo respecto a mi habilidad para entregar la mejor historia como siempre lo habíamos hecho juntos. En otras palabras, él estaba tranquilo y bien. Tenía su optimismo habitual, su ego alentador, y aunque no creo que eso fuera lo que él pretendió, cerré el teléfono sintiéndome de algún modo más presionado que nunca.

Matt me agradaba mucho, y me aterraba defraudarlo. Naturalmente, cuando se lo dije contestó: «No me estás defraudando», lo cual sentí que era más evidencia de que yo sí lo estaba haciendo.

Luego no pude encontrar la clase de crianza de hijos. Revisé cada salón y me dirigía al vestíbulo principal para pedir ayuda cuando miré hacia afuera y vi a Jones con solo una pareja. Desilusionado por obviamente haberme perdido todo, me dirigí hacia el muelle. Imaginé que al menos aún podría estar algunos minutos con Jones.

Al llegar al extremo de la estructura de madera sin que me hubieran visto, oí un fragmento de conversación que parecía seria y decidí no interrumpir. Me hallaba detrás de un basurero de gran tamaño, medio tratando de oír y medio tratando de no oír, cuando el anciano me llamó pidiéndome que me acercara.

Me erguí, ruborizado al haber sido descubierto espiando, pero cuando me acercaba al pequeño grupo, Jones rió, y de alguna manera eso me hizo sentir mejor. Me presentó a los Porter, y a los pocos minutos mi estado de ánimo cambió por completo. Desde luego, Jones siempre me hacía sentir mejor, pero hasta cierto punto mi ánimo se había levantado porque era muy interesante ver a alguien más tratando de entender al anciano.

En seguida fue evidente que Bart y Kelli luchaban mentalmente por averiguar en qué se habían metido. No obstante, por una larga experiencia yo sabía acerca de Jones que cuando me hallaba en su presencia me hacía más paciente conmigo mismo. Se trataba de algo que esta pareja estaba a punto de averiguar.

A través de los años yo había descubierto que la mayoría de conversaciones con Jones se parecían mucho a mirar esas extrañas pinturas en que se supone que veamos la Estatua de la Libertad, un elefante, o un rostro. Al principio, por supuesto, no vemos nada en absoluto. El asunto termina por crear frustración que lleva a especulación acerca de si todo el ejercicio es una pérdida de tiempo. Sin embargo, de repente toda la confusión se esclarece de manera dramática y vemos con claridad cosas que solo minutos antes eran invisibles.

El sol estaba detrás del hombro izquierdo del anciano cuando me miró y me guiñó un ojo.

—Veintitrés minutos para la puesta del sol —anunció—. No sé si pudiste oír todo cuando estabas detrás del contenedor de basura, pero la pregunta que actualmente estamos explorando es: ¿en qué están de acuerdo los padres de hoy como norma de oro para criar hijos?

Entonces se volvió hacia Bart y Kelli.

—Andy y su esposa Polly tienen dos hijos —comentó Jones asintiendo hacia mí—. ¿Quién sabe? Quizás él pueda ayudarles.

Volviendo a mirarme, sonrió.

—Pero ayuda pronto, por favor. Y sentémonos.

Con eso, el anciano fue hasta el kiosco y agarró una silla, poniéndola frente a las demás.

—Vamos —manifestó mientras nos hacía señas para que nos moviéramos más rápido, señalando con una sonrisa el sol descendiente—. Veintidós minutos.

Al observar a los Porter mientras nos apurábamos les vi expresiones de ansiedad y confusión en los rostros. Volviendo a mirar al anciano, algo saltó en mi memoria, trayéndome a la mente las muchas veces que lo había observado comportarse con total calma, perfectamente feliz mientras un plazo de una u otra clase amenazaba de forma inquietante.

¿Qué pasaba con la cuenta regresiva de la puesta del sol?, me pregunté mientras acomodábamos nuestras sillas para ponernos frente al viejo. Yo entendía la metáfora de la desaparición del sol relacionada con el crecimiento de nuestros hijos y el tiempo cada vez menor en la oportunidad como padres de afectar sus vidas. En realidad había estado pensando mucho en eso desde la observación de Jones respecto al tiempo hace varios días en Fairhope.

No obstante, en ese momento Jones buscaba la respuesta de algo más. Quería saber en qué están de acuerdo los padres de hoy como norma de oro para criar hijos...

Los ojos de Jones brillaron cuando se dio cuenta de que los tres lo mirábamos. Yo le había visto antes esa mirada. Durante mi juventud, esa misma expresión me había enfurecido. A medida que aumentaba mi temor, mi enojo o lo que fuera, él equipararía mi desesperación con su habilidad para comportarse más sereno. Recuerdo mis deseos de que se sintiera igual de iracundo que yo. ¿Por qué no podía él estar furioso también? ¡Entonces podríamos estar furiosos juntos! *Vamos, Jones* —solía pensar—, *¡sé mi amigo!*

Tardé años en entender que el anciano estaba tratando de enseñarme algo que la mayoría de las personas nunca aprenden: a pesar de los altibajos de nuestros sentimientos, *podemos* controlar el modo en que actuamos. «La paciencia, por ejemplo —observó una vez Jones—, *no* es un sentimiento. Es la descripción de una conducta. Alguien puede actuar con paciencia aunque el sentimiento de frustración lo tiente a elegir un comportamiento inapropiado. Es imposible sentirse frustrado y sentir paciencia al mismo tiempo, pero se puede estar inundado con sentimientos de frustración y aún mostrar paciencia. La paciencia es una disciplina. Es una acción. Es una respuesta que se elige.

Miré a los Porter, quienes no parecían más cerca de una respuesta de lo que yo estaba. Kelli se hallaba sentada a mi derecha, entre su esposo y yo, directamente frente a Jones, quien estaba de espalda a la bahía. El sol, que parecía más grande por momentos mientras se acercaba más al horizonte, estaba a la izquierda del viejo.

Jones se echó para atrás y cruzó los brazos detrás de la cabeza. La manera relajada del anciano me recordó todas las demás ocasiones en que estuve a su lado. Su temperamento era absolutamente imperturbable. Mientras me sentía sorprendido por nuestra incapacidad colectiva para sacar de la nada una respuesta a lo que, al menos en apariencia, parecía ser una pregunta bastante sencilla, Jones no mostraba ni una gota de impaciencia o desilusión.

¿En qué están de acuerdo los padres de hoy como norma de oro para criar hijos?

Después de permitir que la creciente sensación de intranquilidad se paseara por nuestro pequeño grupo, Jones levantó las manos en un inútil ademán de resignación.

—Bien —comentó—, no es una gran sorpresa que una respuesta no sea tan evidente. Después de todo, hasta las personas más influyentes casi nunca se plantean la pregunta que hemos hecho. Por desgracia, cuando *se* la considera, rápidamente la sociedad descarta nuestra pregunta como algo incontestable.

Jones meneó la cabeza y se reacomodó en la silla.

—Sabiendo que la calidad de nuestras respuestas siempre la determina la calidad de nuestras preguntas —continuó inclinándose hacia adelante—, piensen con atención en esta pregunta particular que hemos planteado. ¿En qué están de acuerdo los padres de hoy como norma de oro para criar hijos?

»Esta es una buena pregunta —continuó el anciano—. En realidad es una *gran* pregunta. Sin embargo, cualquier organización de expertos que se atreva a presentar alguna respuesta será rechazada como presuntuosa o ridiculizada como intolerante. Esa respuesta, cualquier respuesta, se etiquetará como asunto de opinión, y como todo el mundo sabe, un asunto de opinión no se puede aceptar como norma para nada».

Jones volvió a respirar profundamente y encogió los hombros, exhalando en un suspiro mientras se volvía a recostar otra vez en su silla. Apartó la mirada de nosotros y la fijó en el sol.

—Por tanto, en total silencio, sin que alguien lo note, ahora mismo frente a nuestros ojos está en proceso de desarrollarse una tragedia —continuó el anciano con voz más suave, casi nostálgica.

El hombre calló entonces, y cavilé en su extraña expresión, como si la tragedia a la cual se refiriera fuera personal de alguna manera, como si le hubiera hecho daño a *él*.

De pronto el anciano se animó. Se levantó de la silla y apasionadamente declaró la conclusión a la que él había llegado.

—Vean, mis amigos, al no enfocar el asunto de una norma *aceptada*, los padres de hoy día han predeterminado mutuamente un acuerdo incómodo. Han acordado que *no* habrá una norma para la crianza de nuestros hijos. Un grupo de padres enseña a sus hijas a decir «sí, mamá» y «no, señor». Otra pareja sostiene *que* la norma de conducta debe ser un asunto de opinión.

Otra pausa para que asimilemos la declaración.

—Una madre exige a sus hijos vestir pantalones a la cintura. Ellos deben usar sus gorras con la visera al frente, y se deben quitar esas gorras, sin excepción, dentro de casa. Por otra parte la madre vecina podría tener reglas totalmente diferentes en cuanto a qué ropa deja que sus hijos usen y cómo se les permite usarla. Mientras tanto, la sociedad vive con resultados cada vez más desalentadores.

—Por tanto, ¿está usted diciendo que *no* debe haber normas? —inquirió Kelli.

—Todo lo contrario —replicó Jones—. Estoy diciendo que hay *muchas* normas distintas. Esa es la razón fundamental de que cada año se publique una variedad de libros para padres, cada uno promocionando nuevos métodos o diferentes maneras de medir el éxito de un hijo. Hay veintenas de clases, más grandes que esta, dictadas por innumerable cantidad de personas que afirman ser expertas en el campo de la crianza de hijos.

—¿Jones? —respondió una voz inmediatamente—. ¿Eres *tú* un experto en el campo de la crianza de hijos?

La expresión en los rostros de Bart y Kelli fue de leve conmoción y diversión. Era evidente que ninguno podía creer que hubieran confrontado a Jones en esta manera. En cuanto a mí, yo sí *podía* creerlo. Estaba horrorizado, pero podía creerlo... porque las palabras habían salido de mi propia boca.

Sí, yo estaba avergonzado. También estaba familiarizado con la situación en que yo mismo me había puesto. Ya desde quinto grado me daba cuenta de que la boca me saltaba de vez en cuando sin previo aviso desde la posición de descanso hasta una actividad desenfrenada. Más de una vez me he quedado tan sorprendido como los demás, cuando frases plenamente formadas han salido de mi garganta hacia un objetivo mucho antes de que cualquier pensamiento consciente fuera reconocido en mi mente.

Jones rió ante mi arrebato, lo que bastó para hacer sonreír a los Porter.

—¿Soy un experto en crianza de hijos? —repitió antes de contestar—. No. No lo soy.

Ante eso, los Porter dejaron de sonreír. Kelli le propinó a Bart un rápido codazo, y eso estimuló otra vez a Jones, porque rió aun más fuerte.

—No, amigos. Aunque he «criado» más de los que podrían imaginar, estoy aquí con ustedes ahora, y quizás un par de noches más, a fin de ejercer para ustedes mi función principal.

—¿Cuál es? —quiso saber Bart.

—Mira, Bart... trabajo con personas. Supongo que podrías decir que las personas son una gran pasión para mí. Pero también tengo gran interés en otras cosas, y lo menos que puedo hacer es observar las conexiones existentes. Por ejemplo, prueba esto: en cierta manera las personas son como los árboles.

El hombre rió cuando los tres fruncimos el ceño al mismo tiempo.

—Sí, las personas son como los árboles —continuó—. Se les puede conocer por sus frutos. Miren, cada uno los produce de una clase u otra. Un rápido examen a un fruto en un huerto puede revelar mucho acerca de la salud del árbol. Sin mirar las ramas, ni medir la base, ni inspeccionar las hojas, una simple manzana o pera a menudo puede decirnos exactamente lo que necesitamos saber.

Después de una pausa el anciano volvió a sentarse, cruzando cómodamente los brazos.

—He aquí un ejemplo... el limón Meyer es un híbrido —explicó—, y debe madurar en esta región a mediados de noviembre. Si nos encontramos con un árbol maduro durante esa época, incluso sin haberlo visto antes, fácilmente podemos discernir cómo el árbol ha sido «cultivado». ¿Kelli? Tú pareces una persona cítrica. ¿No es correcto eso?

—Bueno... sí —replicó ella de modo indeciso, no porque disintiera, sino porque sí sabía algo acerca de cítricos, aunque no podía imaginar exactamente qué la haría «parecer una persona cítrica».

La mujer me miró como si yo pudiera explicárselo a Jones, pero yo era incapaz de hacerlo, pues había renunciado a esa posibilidad varias décadas antes.

—En nuestro patio tenemos un par de árboles de naranja, junto con uno de mandarina Satsuma y tres de limón Meyer —explicó Kelli valientemente aún sin tener idea a dónde los iría a llevar esta línea de cuestionamientos—. Uno de ellos es enorme y estaba allí cuando nos mudamos, y obviamente nunca recibió cuidado. Me tomó varios años lograr que floreciera y diera frutos. Sin embargo, nunca estará bien del todo.

Jones inclinó la cabeza a sabiendas, pero de todos modos hizo la pregunta.

—¿Por qué aseguras que nunca estará bien, Kelli?

—El árbol grande nunca será lo que pudo haber sido porque los anteriores dueños de casa no se preocuparon de él —respondió Kelli mientras Bart y yo nos recostábamos en nuestras sillas—. El árbol simplemente creció digamos más o menos... bueno, sin control durante años antes de que yo tuviera oportunidad de cuidarlo. Ahora está lindo. O bien, supongo. Pero ese árbol es enorme y no produce el fruto de manera similar a mis otros dos árboles, aunque estos apenas tienen poco más de cinco años.

—¿Y son la misma clase de árbol? —inquirí—. ¿Limones híbridos Meyer? En nuestro patio tenemos árboles cítricos, y también varios de esos.

—Sí, la misma clase de árbol —respondió Kelli asintiendo con la cabeza—. Los dos limones Meyer que están produciendo bien solo eran pequeñas plantas estacadas cuando las compré en Home Depot hace cinco años. Solo me costaron quince dólares cada árbol, pero el año pasado obtuvimos más de cien limones de cada uno.

Yo estaba impresionado y se lo dije, pero Jones, siempre profundizando más, tenía otra pregunta.

—Kelli, ¿por qué los árboles jóvenes resultaron tan bien? ¿Cómo supiste qué hacer?

La mujer estaba emocionada y un poco orgullosa de haber sido la primera en entender el punto de la historia de Jones. Ella también había vinculado ese descubrimiento a lo que ya habían analizado.

—Supe qué hacer con los árboles... porque... ¡seguí instrucciones! —expresó poco a poco, como si revelara la ubicación de un tesoro—. Nunca lo pensé de este modo, pero cuando transporté del almacén a casa mis pequeños arbolitos de limón llevé conmigo una hoja de papel que Home Depot me proporcionara. Impresas en esa simple página había instrucciones *específicas*. Son las mismas instrucciones que recibe todo el que compra un árbol de limón Meyer en Home Depot. Son las mismas... porque funcionan. Y funcionan todo el tiempo. Las instrucciones básicamente dicen que si haces esto, obtendrás aquello. ¿Por qué? ¿Cómo lo saben con seguridad? Bueno, supongo que se debe a que todos los expertos del mundo en limón Meyer han pasado años y años dando a conocer información y descubriendo la mejor manera de hacer crecer árboles de limón...

La mujer dejó de hablar y con una gran sonrisa añadió la pieza final del rompecabezas. En primer lugar, estaba el objetivo de la desviación de Jones hacia los árboles de limón. Ella lo había captado y ahora quería asegurarse de que Bart y yo también lo entendiéramos.

—Basándose en años de fabulosos resultados, los cultivadores de cítricos han *coincidido ahora en una sola norma*. Habiéndose creado y respetado hasta ahora por muchos años, esa única norma es responsable de generaciones de árboles increíblemente productivos.

Kelli se puso seria y entrecerró los ojos, pensativa; luego señaló con un dedo aprobatorio hacia Jones.

—Este hombre nos está diciendo que al menos una razón de que nuestra sociedad no produzca resultados sorprendentes en las vidas de sus hijos se debe a que no nos hemos puesto de acuerdo en una norma por la cual debamos criarlos —concluyó.

Satisfecha, inclinó la cabeza una vez hacia nosotros, recostándose en su silla frente al anciano.

—Muy bien. Muy bien —asintió Jones con aprobación, luego continuó con nueva intensidad—. Ahora... quiero que piensen con mucha atención aquí... Al mismísimo comienzo de la búsqueda inicial por una norma para cultivar árboles de limón Meyer, ¿cuál fue la primera decisión en que debieron coincidir?

—Debieron expresar lo que andaban buscando —respondió rápidamente Bart después de concentrarse un instante.

—Continúa —instó Jones.

—Yo supondría que lo primero que debieron hacer fue ponerse de acuerdo en cuanto a los limones... el fruto real. ¿Querían limones grandes o pequeños? ¿Querían que sus árboles produjeran limones amargos, como los que ya se venden en los supermercados? Obviamente esa respuesta fue negativa, porque al comer un limón Meyer no hay amargor en el sabor. Al contrario, hay un indicio reconocible de dulzura. Los Meyer no son horriblemente ácidos como la mayoría de los limones. Así que desde el principio alguien debió dejar constancia, y convencer a otros a estar de acuerdo, en el resultado particular que deseaban lograr.

Bart hizo una pausa para respirar, mostrando ahora un nuevo respeto por el anciano frente a él.

—Y se deduce que cuando nos disponemos a lograr algo sin un acuerdo específico acerca del resultado, esa falta de un objetivo común da como resultado algo imprevisible en el mejor de los casos.

—Eso es correcto —concordó Jones—. A propósito, quedan once minutos hasta que el sol toque el agua. Tenemos tiempo suficiente para responder la tercera pregunta. ¿Qué resultados esperan tener con sus hijos? Dentro de diez años... o siete o quince... cuando ellos se conviertan en adultos... cuando al fin ustedes inspeccionen el fruto del árbol que han podado, fertilizado y regado durante años... ¿qué fruto desean ver?

—¿Podemos hacer una lista? —preguntó Kelli y, sin esperar respuesta, se contestó—. Sí, desde luego que podemos hacerla.

Entonces sacó de su bolso un bolígrafo y una pequeña libreta.

—Estoy apuntando una gran educación como número uno.

—Considera esa respuesta con atención antes de escribir algo con tinta —advirtió Jones.

Kelli lo miró con el ceño fruncido.

—Por importante que una gran educación pudiera ser—explicó el anciano—, ese no es un resultado final. Todos conocemos individuos educados que están profundamente endeudados o incluso desempleados. Por eso aunque una educación podría *conducir* a un resultado para tu hijo, no es *el* resultado en sí. Les insto a enumerar los resultados reales que desean para sus hijos.

—¿Físicamente? ¿Mentalmente? —sondeó Bart—. ¿Emocionalmente?

—Sí —replicó Jones—. ¿Qué resultados en cada una de esas áreas deseas para tu hijo cuando se vaya del nido?

—Que tenga empleo —expuso Bart.

—Que consiga empleo si es que lo desea —interpeló Kelli, modificando de alguna manera la definición—. Y digo «si es que lo desea» porque Art tiene doce años y ya manifiesta su deseo de tener un negocio.

—Necesitará sentido común. Sabiduría. Y deberá tener confianza —añadí—. Escribe eso.

—Confianza, sí —clarificó Kelli—, pero no arrogancia.

—Es verdad —concordé—. Añade humildad.

En un instante habíamos agregado astucia financiera, buenos modales, y gran cantidad de otras cualidades. Nos emocionábamos cada vez más a medida que empezábamos a entender que estábamos produciendo un excelente diagrama de los adultos que deseábamos que nuestros hijos llegaran a ser.

—Estaré en este mismo lugar dentro de una semana a partir de hoy —anunció Jones precisamente cuando nuestras ideas comenzaban a disminuir—. Nuevamente, empezaremos a las diecinueve horas en punto. Analizaremos cómo elegir e implementar los procesos específicos que producirán los resultados que hemos enumerado esta noche. ¿Alguna pregunta?

No hubo ninguna, así que continuó.

—Tenemos noventa segundos hasta que el sol tope el agua —avisó poniéndose de pie y haciendo un gesto hacia el oeste—. Disfrutemos esto.

Jones se movió hacia la barandilla de madera del muelle, pero se detuvo a varios pasos, quedándose parado con las manos en las caderas en medio de la estructura, mirando a través de la bahía. Nos unimos a él, pero avanzamos hasta la barandilla, deslumbrados como siempre por la increíble puesta de sol que ocurría delante de nuestros propios ojos.

Yo conocía la tradición, desde luego, pero estaba encantado de oír a mis nuevos amigos hacer el sonido de chisporroteo a medida que el sol «tocaba» la bahía. Reí y chisporroteé también, inmerso en el momento, y feliz de estar allí.

Cuando el sol desapareció estreché las manos de Bart y le dije a Kelli que mi esposa Polly estaría conmigo la semana entrante. Cuando les pregunté en qué salón se realizaría la clase, ellos me dieron una mirada cómica y me explicaron que la adición de mi esposa la semana siguiente encarecería veinticinco por ciento nuestra matrícula.

Debo confesar que me resultaba difícil captar por completo el concepto de una «clase» con solo cuatro personas en ella. Sin embargo, me despedí y casi río a carcajadas cuando los Porter se volvieron para irse. Al darse cuenta de que Jones ya no estaba allí ni se hallaba disponible para agradecerle por lo que había resultado ser una noche interesante, Bart y Kelli se sorprendieron por la desaparición del hombre. ¿Y yo? Ya había esperado tanto como había notado que el anciano se había ido el instante que nos volvimos.

Me quedé en el extremo del muelle, con la espalda y los codos apoyados en la barandilla, mientras ellos caminaban hacia el kiosco, deteniéndose allí para recoger el bolso de Kelli. Polly y los niños estaban fuera del pueblo; por tanto, yo no tenía prisa por llegar a casa y pensé que me quedaría un rato para ver si alguna trucha moteada aparecía después del anochecer. La mayoría de muelles y embarcaderos en la bahía tenían reflectores apuntados al agua desde soportes por debajo de la estructura. Muchas noches quienes pescaban a la luz veían truchas y gallinetas nórdicas mucho antes de que alguna vez agarraran una.

Mientras observaba, se hizo evidente que algo había captado la atención de los Porter, porque se habían detenido en el kiosco. Desde mi posición estratégica parecía como si la pareja estuviera mirando las sillas. Se quedaron inmóviles por un momento prolongado antes de acercarse lo suficiente para que Bart alargara la mano, extendiera el dedo índice, y tocara el sentadero de la silla.

En realidad, él había tocado algo *en* la silla, hecho que se clarificó cuando primero Bart, y luego Kelli, estiraron la mano, recogiendo delicadamente cada uno un pequeño artículo de los asientos que ocuparan poco tiempo antes. Ambos usaron un pulgar y un índice para sostener en alto un objeto hacia la luz a fin de examinarlo. Cualquier cosa que tuvieran, pensé, era demasiado pequeña para que yo la identificara desde la barandilla.

No fui hasta allá, sino que continué observando con cuidado. Pude ver que ninguno de ellos sabía qué hacer con este objeto pequeño. Sosteniéndolo con la mano en alto, Bart miró por todos lados hasta localizarme.

—¡Es una semilla de limón! —exclamó en voz alta con una gran sonrisa, encogiendo los hombros; entonces señaló a Kelli—. Ella también tiene una.

Kelli la levantó para que yo la viera.

—Ahora que pienso en ello, te apostaría cada dólar que tengas en tu bolsillo ahora mismo que es una semilla de limón *Meyer*.

Todavía éramos las únicas personas en el muelle.

—Debo decir... que este Jones es un tipo muy diferente

—comentó Bart dando unos pasos hacia mí—. Me gusta. Me gusta mucho. Sin embargo, él es muy... ah... diferente.

No sabes ni la mitad —pensé.

—Sí, lo es —asentí en voz alta, y reí levemente.

Me quedé junto a la barandilla mientras la pareja recogía sus cosas y, después de prometer verme la semana siguiente, se despidieron. Antes de llegar demasiado lejos por el pasaje peatonal, Kelli se volvió hacia mí.

—Mira... tú también tienes una —expresó en voz alta—. Una semilla de limón, quiero decir. Está en tu silla, así que agárrala antes de irte, ¿está bien?

Le aseguré que lo haría y le agradecí con un movimiento de la mano.

Cuando al fin me hallé solo, miré la bahía y apenas logré divisar en el cielo los remolinos de color cada vez más oscuro. Al sentir que se me erizaba la piel en el cuello y los brazos, me pregunté: *¿Ahora qué? ¿A dónde lleva todo esto?* Hice una rápida oración y me volví. El muelle estaba desierto, oscuridad invadía a través del agua salada. Miré hacia arriba. Solamente el brillo de un reflector de vapor de sodio cortaba a través de la noche, que se hacía más espesa por la niebla y el aire húmedo. Todo parecía demasiado familiar, por supuesto.

Me detuve ante mi silla para recoger lo que el anciano había dejado en medio del asiento. Con el objeto en mi palma ahuecada, lo examiné con cuidado y pensé en cuánto apreciaba esta única semillita simplemente porque Jones la había dejado para mí. Parecía una asombrosa representación de las primeras semillas que este hombre había plantado en mi vida muchos años atrás.

Sonreí, la coloqué en mi bolsillo, y me interné en la noche.

Nueve

Una semana después

—Un proceso basado en principios, uno que produzca cada vez como está previsto, solo puede crearse cuando el resultado final que se desea está claramente definido.

—¿Así que una persona siempre debería centrarse en el resultado? —inquirió la joven mujer.

—No —replicó Jones—. De ninguna manera. Estoy diciendo simplemente que el resultado final se debe determinar antes de poner en marcha un proceso eficaz para lograr ese resultado. No obstante, una vez puesto en marcha el proceso, cualquier persona solo debe adherirse a ese proceso, a esos pasos cotidianos, que inevitablemente llevan al resultado final.

Christy Haynes era de naturaleza habladora, y el anciano con quien se había topado tampoco se quedaba atrás. De poco más de treinta años, era la joven esposa de un ministro y madre de tres hijos. Al haber llegado temprano a lo que ella había determinado que sería una oportunidad para establecer contactos, Christy atravesó las instalaciones del Grand Hotel y conoció a un anciano con una personalidad encantadora. Él la había llamado por su nombre, lo cual en realidad no era sorprendente. Después de todo, ella trabajaba como fotógrafa y a menudo acompañaba a Brady, su esposo, en viajes de jóvenes de la iglesia. Muchas personas conocían a Christy, y cada una de ellas la quería sobremanera.

Ella era alta y delgada, con cabello largo y oscuro. Era hermosa, pero su jovial personalidad era lo primero que cualquiera notaba. Como fotógrafa que no aparentaba nada, su habilidad para relacionarse al instante con las personas que fotografiaba creaba un ambiente relajado y alegre que siempre se reflejaba en el producto final. Sin embargo, el talento de Christy era lo que hacía que sus clientes se sorprendieran al verse en las fotos.

Christy tenía un don con la luz natural. No solo que no proyectaba una imagen falsa a sus clientes, sino que tampoco usaba luces ni equipo extra de flash. Fuera lo que fuera que ella pudiera ver no era visible para los demás... pero la cámara lo captaba. Sus fotos eran prueba de algún sexto sentido que nunca parecía fallar.

La joven disfrutaba su trabajo, pero sabía que necesitaba mejor equipo para producir la magia que realmente veía. Una razón de que ella quisiera producir lo mejor era su amor por la gente. Puesto que amaba a la gente y veía su trabajo como una manera de animar a otros, Christy quería que sus clientes se vieran como ella los veía. Constantemente sus clientes veían una fotografía sabiendo que nunca habían lucido mejor en sus vidas.

Aunque su talento era grande, el negocio de Christy no lo era. Como esposa de un ministro estaba acostumbrada a volver a comenzar en nuevas ciudades. Como madre de tres hijos, a menudo participaba en más actividades de las que la persona común podía manejar, pero ella no era común, y estaba decidida a exprimir hasta la última gota de vida. Si eso significaba ayudar a Brady con el grupo de jóvenes, fotografiar clientes mientras los chicos estaban en la escuela, y servirles de transporte para clases de arte y fútbol, todo el tiempo en busca de nuevos negocios, que así fuera. Ella era feliz, y su familia también lo era. El único reto verdadero que enfrentaban era económico. El dinero era escaso, como lo era para muchas familias jóvenes. Para la familia de un ministro, el dinero era más escaso que para la mayoría.

Christy andaba constantemente en busca de almuerzos, clases o reuniones de una clase u otra. Esos eventos eran fabulosos para conocer clientes potenciales, y en realidad había sido una clienta quien le mencionara la clase por la cual estaba esperando. Esa clienta era Kelli Porter.

Kelli había quedado asombrada de los retratos de sus hijos que Christy hiciera, y puesto que (por primera vez en sus vidas) los chicos habían disfrutado la sesión, Kelli decidió continuar con esta fotógrafa particular. Ya la había recomendado a varios amigos, y cuando llamó a Christy para decírselo, Kelli también mencionó la clase a la que ella y Bart estaban asistiendo.

Cuando Christy había preguntado acerca de la clase y su instructor, Kelli no había estado segura de cómo responder. Había mencionado crianza de hijos, habilidades de vida, y algo respecto a un plan para «cuando nuestros hijos sean adultos». También mencionó que el maestro era un experto, pero había tenido que colgar el teléfono antes de que Christy pudiera averiguar más.

En realidad, a Christy no le había importado mucho de qué tratara la clase o quién la dictara. Principalmente le interesaba el acceso que podría tener a todas las personas en la clase. Ella sabía que lo más probable era que allí hubiera centenares. Después de todo, se estaba dictando en el Grand Hotel.

Cuando Christy le preguntó al anciano si era un huésped del hotel, de alguna manera le sorprendió oír que él era el experto que dictaba la clase a la que ella había venido. Sin duda él no le pareció un maestro típico. El anciano le contó que todos se reunirían a las diecinueve horas en el extremo del muelle. Al menos eso tenía sentido. *Qué excelente ubicación,* pensó Christy, *a fin de conocer a algunos otros participantes antes de que empezara la clase.*

—Soy un poco diferente en mi enfoque de la vida —le había dicho ella al anciano como respuesta a una de las varias preguntas que él había hecho.

Era verdad. Christy se había criado en un ambiente donde se esperaba que todos fueran, actuaran y pensaran de igual modo. Ella no solía llevar la contraria, pero amigos y familiares siempre la habían descrito con un antiguo cliché. «Christy —decían—, marcha al ritmo de su propio tambor», y por eso precisamente se emocionó cuando el anciano le manifestó que «ser un poco diferente» era un requisito para acelerar el crecimiento personal y profesional.

—Todo el mundo desea influir en los demás, pero nadie quiere ser diferente —dijo Jones cuando ella le pidió que explicara—. Y simplemente no puedes tener lo uno sin lo otro.

Christy rió a carcajadas.

Cuando el anciano se había revelado como el instructor de la clase, le preguntó por el tema.

—¿Qué te gustaría aprender? —respondió el viejo.

—¡Dios mío! —exclamó Christy extendiendo los brazos al aire—. Hay tanto que deseo aprender. No tenemos mucho dinero, pero tenemos tres hijos fabulosos. Quiero ser una mejor mamá, una persona mejor, mejor esposa, fotógrafa, comerciante...

Hizo una pausa.

—Puedo hacer una lista de todo si usted quiere.

Jones rió y le habló de la importancia del proceso, los principios y los resultados. Analizaron por qué cada uno tenía su lugar y por qué cada uno era necesario.

—Eres única en tu especie y eso es bueno —expresó el anciano antes de señalarle el muelle y asegurarle que estaría allí en un momento—. Debes recordar eso y actuar como si lo supieras. Actúa con perspicacia a fin de llegar a ser cada parte de todo lo que estás destinada a ser.

Ante la insistencia de mi esposa llegamos temprano para la segunda clase de crianza de hijos. Polly y yo cenamos en Saltwater Grill y estuvimos pendientes de Jones. Después de nuestra cena tuvimos treinta minutos libres antes del inicio programado de la clase. Recordando que nos volveríamos a reunir en el muelle, sugerí un rápido paseo alrededor de la propiedad del Grand Hotel que serpenteaba en esa dirección general. Cruzamos por el encantador lago con sus fuentes y cascadas, y pronto pasamos uno de los sobresalientes letreros de No Pescar. El letrero nos hizo reír al pensar en nuestros hijos que, durante cada visita al hotel, amenazaban con escaparse en la noche y «atrapar esos monstruos» que claramente veían desde la orilla. Hice para Polly mi imitación de Austin/Adam. *Por favor, mamá. Nadie lo sabrá. Por favor. Solo una vez, ¿está bien? ¿Está bien? ¿Viste los peces? Mamá, por favor. Por favor...*

—Aún estoy pendiente de que Jones quizás llegue temprano —expresó Polly mientras nos alejábamos del lago, alargando el brazo para tomarme la mano y apretarla—. ¿Sabes?

Entonces ella movió las cejas cuando la miré para ver si hablaba en serio. Así era.

—Querida —declaré poniendo como respuesta los ojos en blanco y deteniéndome—. En todos los años que he conocido a este hombre, sí, lo he visto aparecer inesperadamente muchas veces. Sin embargo, y me refiero a un «sin embargo» de quinientas libras, óyeme ahora, en cada ocasión *única* en que él ha establecido una hora para encontrarnos, para llegar, o lo que sea, Jones no varió quince segundos de la hora exacta que puso. Te lo estoy diciendo, querida, el hombre va a llegar al muelle a las diecinueve horas en punto, ni un minuto antes ni después.

Yo sabía que ella no se convencería. Seguro que no lo haría.

—Pero si de alguna manera fuera *posible*...

—Camina —la interrumpí—. Querida. Por favor. Por favor. Solo camina.

Polly apretó los dientes y teatralmente me apretó la mano entre las dos de ella, duro, como si estuviera tan molesta que pudiera partírmela en dos. Ambos reímos.

—¿Terminaste? —pregunté.

—Sí —contestó tiernamente y me palmeó la mano antes de soltármela.

—Está bien —dije, tomándole ahora la mano con la mía—. Adelante.

Recorrimos por entre los árboles junto al edificio del spa, y seguimos el sendero de ladrillo que nos llevaría a lo largo del agua y por todo el lugar hasta el muelle.

—Sigue —dijo Polly mientras igualábamos el paso.

—¿Qué? —pregunté, mirándola.

—Sigue —repitió.

—¿Qué sigo?

—Tú dijiste «adelante». Yo dije «sigue».

—Ah —respondí asintiendo con la cabeza—. Te entiendo.

—¿No es eso lo que me dices que Jones decía?

—Sí —sonreí—. No he pensado en eso en un tiempo. Es decir, tengo el principio metido con fuerza en mi vida cotidiana, pero la manera en que lo manifestaba...

Reí al recordar.

—Cuéntame —exigió saber Polly—. Mientras caminamos. ¿Puedes?

—Bueno... —balbuceé, pensando por un momento.

La primera vez que vi al anciano años atrás, una de sus lecciones más constantes fue lo que me pareció exteriormente un mensaje increíblemente común: *sigue adelante*. Él había dicho: «Hijo, vayas a donde vayas a parar en la vida estará determinado en su mayor parte por las decisiones que tomes cuando las cosas se pongan difíciles. Y confía en mí». Luego había añadido, inclinando la cabeza y mirando a través de sus cejas blancas y espesas: «Cuando todos estén clamando y diciendo: "¿Qué hacemos ahora?", estarás a mitad de camino a casa con solo responder correctamente la pregunta. La respuesta, hijo, es "sigue adelante"».

Ese pensamiento sencillo, esa dirección acerca de qué hacer cuando las cosas se estén cayendo a pedazos, finalmente se convirtió en la séptima decisión en mi primera novela, *El regalo del viajero*. «¡Sigue adelante!». O como la séptima decisión declara: «¡Persistiré sin excepción!».

En aquel entonces (y ahora también, hasta donde sé) Jones en realidad seguía adelante por todas partes a donde iba. Por tanto, sintiendo que yo estaba recibiendo información que me alteraría la vida, me uní al anciano siempre que pude. Mientras trotaba a su lado en la playa o en un sendero, solía hacerme reír diciendo esas palabras una y otra vez, igualando su voz al ritmo de sus pasos. Sigue adelante. Sigue adelante. Sigue adelante.

—Aún a diez minutos... —informó Polly mirando su reloj.

A falta de algún lugar a dónde ir entonces, nos quedamos en el mismo sitio. Manteniendo la mirada en la hora y el muelle, señalé hacia nuestros compañeros de clase, los Porter, cuando llegaron, y le conté a mi esposa lo poco que sabía de ellos. Bart y Kelli eran los únicos en la estructura de madera por el momento, y nosotros estábamos en una hermosa ubicación entre dos robles. Yo no tenía prisa en unirme a ellos, y en realidad la intención era «sacar un Jones» de mí y entrar al muelle a las diecinueve en punto.

Polly cambió la mirada del muelle hacia el oeste, al borde del agua más allá del centro de deportes acuático.

—¿Darías cualquier cosa por ver un *jubilee*? —preguntó protegiéndose los ojos del sol.

—Sí —respondí, sombreando también los ojos y mirando en la misma dirección—. Bueno, casi cualquier cosa. He oído acerca de ellos toda mi vida. ¿Y recuerdas? Hace mucho tiempo hablé a ese tipo que se topó con uno y que estuvo en medio del fenómeno por más de una hora. ¿Qué te hace pensar en un *jubilee*?

—No sé —expresó ella alejándose del sol y encogiéndose de hombros—. Pienso en un *jubilee* cada vez que vengo aquí, ¿tú no?

Asintiendo lentamente, consideré la pregunta y estuve de acuerdo.

—¿Sabes? En realidad nunca se me ocurrió pensar en ello, pero ahora que lo mencionas, imagino que sí. Sí —expresé, volviendo a asentir con la cabeza—. Así es. Le doy al menos un pensamiento pasajero a la posibilidad de un *jubilee* cada vez que estoy en Eastern Shore.

Polly y yo no éramos los únicos que pensábamos en ello. En la región del condado Baldwin de Alabama solo se necesita abordar el tema del *jubilee* en cualquier conversación para pasar las horas siguientes escuchando historias acerca del fenómeno. Un *jubilee* típico (podría haber dos y a veces tres de ellos cada año) enviará toneladas de lenguados, camarones y cangrejos a algún segmento de una pequeña pero precisa parte de la costa en Eastern Shore. Toda la expansión en la que cada uno de estos acontecimientos ha tenido lugar durante cientos de años está limitada por Point Clear en el borde sur, y justo por encima de Daphne hacia el norte. Con un total de apenas veinticuatro kilómetros, este es el único lugar del mundo donde esto ocurre con regularidad. Un *jubilee* se realiza sin previo aviso, por lo general entre tres y las cinco horas, y sin ninguna clase de advertencia.

Después de siglos de estos sucesos anuales, a los *jubilee* se les conoce como resultado de estratificación de la salinidad, un efecto de capas de agua más pesada y salada del golfo de México hacia el sur superpuestas por el agua más liviana y fresca que entra a la bahía por ríos desde el norte. Esto provoca una corriente ascendente de agua escasa en oxígeno, que empuja a crustáceos y peces del fondo hacia la orilla por decenas de toneladas.

Según parece, las criaturas marinas se aturden y no pueden nadar. Yacen tranquilamente en las aguas más superficiales rodeadas por enormes cantidades de los de su especie hasta que, al fin, la marea cambia, y el *jubilee* termina. En ese momento «despiertan», sin recibir daño por la experiencia, y nadan de vuelta a aguas profundas. Pero hay un período, quizás de una hora o noventa minutos, en que cualquier persona con suficiente suerte de estar allí en ese perfecto momento puede arrastrar y agarrar fácilmente toda clase de camarones, cangrejos y lenguados.

Suerte. Este no parece ser el denominador común entre aquellas relativamente pocas personas que han sido tan afortunadas como para presenciar lo que sin duda es uno de los espectáculos más sorprendentes y totalmente desconocidos de la naturaleza. Considera el extraño hecho de que en todo el mundo no hay otro despliegue natural que se pueda comparar a este suceso extraño y periódico, pero irregular.

Aunque hoy día existimos en una época en que nada parece inconcebible, en que toda experiencia material parece obtenible, aun ahora nadie puede garantizar la oportunidad de ver un *jubilee*. No hay ningún boleto que se pueda comprar, ningún favor que pueda permitir un ingreso. Ni riqueza ni fama, investigación científica ni ecuación matemática, sacrificio físico ni la intervención del gobierno federal que pueda producir un solo harapo de esperanza de que alguien pueda programar la fecha o la hora, y planee asistir a un próximo *jubilee*, porque se ha demostrado que estos son imposibles de predecir y siempre tienen lugar en medio de la noche.

Historias y registros de los *jubilee* se han transmitido por generaciones como parte colorida de la historia de Eastern Shore que precede a la colonización europea de la región. Identificado y cartografiado primero por exploradores españoles, este refugio natural, conocido por su extraordinaria generosidad, originalmente fue llamado Bahía del Espíritu Santo. Este aún es un nombre apto para una masa de agua que regularmente produce milagros.

Estábamos de pie en la base de uno de los robles, frente al agua y el muelle, suficientemente lejos para llamar la atención de Bart o Kelli, cuando sentí una mano en el hombro. Sorprendido, me volví para encontrar a Jones prácticamente entre nosotros. Su otra mano estaba en el hombro de mi esposa.

—Hola, ustedes dos —dijo—. Polly, qué gusto verte.

Lo abrazamos y le expresamos nuestro aprecio por este tiempo y por la oportunidad de experimentar la clase sobre la crianza de hijos.

—Es algo diferente, ¿no es así? ¿La clase? —preguntó el anciano.

Al menos supuse que estaba preguntando. Pensé que sin duda él debía saber que, sí, cualquier cosa en que el viejo participara era diferente por definición.

—Sé que vine un poco temprano —continuó—, pero pensé que podríamos hablar por unos momentos antes de que nos unamos a los demás.

Cuando mencionó a los demás, Jones había dado un paso adelante mirando hacia el extremo del muelle. Polly usó ese preciso instante para inclinarse detrás del anciano y sacar la lengua delante de mí. Sin embargo, siendo yo el adulto en la situación me quedé callado y no dije nada frente a Jones acerca de la conducta de mi esposa.

Permanecí al lado de Jones mientras este le preguntaba a Polly por los niños, la casa, las noticias locales, y los amigos de Orange Beach. Al observar a mi esposa, quien varias veces me sonrió de manera encantadora mientras hablaban, podría haberse creído que la prematura llegada del anciano permitía horas y horas de conversación adicional. Pero no, hablaron cerca de cinco minutos, y muy pronto hice notar en voz alta para bien de ellos que había llegado el momento de dirigirse al muelle.

Jones le ofreció el brazo a Polly, ella lo tomó, y los seguí detrás mientras caminaban hacia el agua.

—Espero que disfrutes esta noche —oí que él decía.

—Sin duda lo haré —contestó Polly antes de mirarme de manera maliciosa y añadir una pregunta para el anciano—. Jones, junto con el material de crianza, ¿podrías incluir algo de instrucción para esposos?

—Sí —replicó él mientras subía al muelle—. Será difícil, pero prometo hacer el intento.

Deteniéndose, se inclinó hacia ella hablándole en voz baja, pero de manera que yo pudiera escuchar.

—No obstante, tal vez no debería prometer. Solo tenemos una hora, y como sabes, los esposos pueden ser terreno difícil —declaró él mirándome y riendo.

Luego el anciano rió en voz alta y se volvió, caminando resueltamente hacia el final del muelle, dejándome para terminar el recorrido con mi hermosa y demasiado divertida esposa.

Diez

Jones ya estaba saludando a Bart y Kelli para cuando Polly y yo llegamos al extremo del muelle. A primera vista vi que se habían dispuesto cinco sillas en un semicírculo. Supuse que una era para Jones, pero cuando yo estaba presentando a Polly a los Porter, una joven mujer llegó y recibió el saludo entusiasta del anciano.

—¡Christy! —exclamó Kelli corriendo para abrazar a la recién llegada.

En pocos segundos estaba de vuelta con su amiga. Se hicieron las presentaciones, y cuando las señoras comenzaron a hablar, Bart y yo salimos del grupo al mismo tiempo y nos trasladamos juntos a la barandilla.

—Polly parece genial —declaró Bart sin mirar hacia mí—. Ella es muy agradable.

El hombre observaba de cerca a las tres mujeres.

—Gracias —respondí—. También lo es Kelli.

Mis ojos no se apartaban de la misma escena.

—Gracias —contestó Bart—. Kelli es formidable.

Él hizo una pausa. Nosotros observábamos. Ellas hablaban.

—Estoy seguro de que Polly es formidable —dijo Bart.

—Sí —reconocí como con control remoto—, sin duda que lo es.

—¿Cómo hacen ellas eso? —preguntó Bart después de otro momento de silencio entre nosotros.

—No lo sé —repliqué—, pero ¿no te gustaría poder hacerlo?

—Umm —contestó él mientras asentía con la cabeza—. Yo sería presidente de Estados Unidos con ese talento. O al menos el hombre más rico de Texas.

—¿Se mudarán ustedes a Texas? —inquirí.

—Solamente si logro imaginar cómo es que las mujeres hacen eso —expresó él, aún observando atentamente.

—Felicitaciones, entonces —comenté, riendo—. Fairhope es un lugar encantador, y ustedes se han cimentado como residentes de por vida.

Los esposos alrededor del mundo casi nunca hablan francamente acerca de una conclusión a la cual la mayoría de ellos ha llegado. Es simplemente que los hombres, especialmente los casados, se maravillan de la habilidad de una mujer para evaluar a una persona en segundos. Es increíble cómo la hembra de nuestra especie puede decidir de manera instantánea y exacta si la persona que acaba de conocer es digna de más que un apretón de manos.

La mayoría de hombres cree quedamente que los juicios complicados en las cortes concluirían en minutos si el sistema legal simplemente expulsara a los hombres del jurado. Con las mujeres a cargo, afirman los hombres, los expedientes judiciales en todo el mundo se despejarían en cuestión de días. Si a doce damas se las colocara en la tribuna del jurado, el agente judicial sacaría al acusado para unos apretones de mano y un poco de charla, y no pasarían ni cinco minutos antes de que las mujeres supieran con certeza si soltar a quien hubieran acusado injustamente o enviar a la cárcel al sinvergüenza. De cualquier modo, la justicia sería rápida y veraz.

Los hombres envidian el don de discernimiento que sus esposas poseen, pero a menudo se sienten confundidos por las conclusiones de ellas. Para los no iniciados (un esposo reciente) la presentación de una conclusión por parte de su esposa puede ser algo enloquecedor.

—¿Qué crees? —podría preguntar el hombre después de haber presentado a su esposa esa noche a su nuevo asesor de inversiones—. Chuck es un gran tipo, ¿verdad?

—No —contesta la mujer—. Él *no* es un gran tipo, y de ninguna manera le vas a permitir que se acerque a nuestro dinero.

El esposo, habiendo conocido a Chuck por semanas o meses, queda atónito y se dedica al instante a lo que la mayoría de hombres considera una línea lógica de preguntas.

—¿Por qué dices que Chuck no es un gran tipo? Solo tomaste café con el hombre. Solamente lo has conocido por diez minutos en total. ¿Cómo podrías saber algo respecto a él? Específicamente, ¿qué es lo que no te gusta acerca de Chuck?

—No sé —contesta ella—, pero estoy absolutamente segura en lo que te digo.

La conversación siempre termina en este punto, ocasionalmente porque el hombre se ha ido gritando, en busca del abismo más cercano desde el cual saltar.

Sin embargo, en lo más profundo de nuestro ser por mucho que los hombres protestemos, en realidad estamos asombrados. Un rápido vistazo a mi esposa durante la parte de apretones de mano y supe que Polly le cayó instantáneamente bien a Christy y a Kelli. En especial a Christy.

Tomamos nuestros asientos con Christy en la silla del medio. Polly estaba a su derecha y Kelli a su izquierda. Bart y yo en cada extremo de la pequeña fila junto a nuestras respectivas esposas. Mientras Jones se acomodaba con las piernas cruzadas en el suelo del muelle, Bart captó mi atención. Con una expresión burlona en el rostro dio golpecitos a la silla y levantó cinco dedos. Asentí, viendo que ahora había observado lo que yo notara antes. Había cinco personas asistiendo a la clase esa noche y exactamente cinco sillas dispuestas *de antemano*, una para cada una.

—Damas —manifestó Jones a Polly y Christy—, creo necesaria una breve presentación. Por favor, ¿nos harían el honor?

Las dos se miraron y rieron.

—Bueno, iré primero. Me llamo Christy Haynes —informó ella—. Vivo en Orange Beach. Mi esposo es ministro. Soy fotógrafa, y tenemos dos chicos y una niña pequeña.

Miré más de cerca a esta recién llegada a nuestra ciudad.

Siguiendo el ejemplo de mi esposa, me gustó al instante. Ella parecía ser de descendencia italiana (¿o tal vez griega?) y tenía una sonrisa pícara que calzaba con su personalidad. Sospeché que esa brillante disposición era de gran ayuda para su familia... y para todos los demás con quienes se ponía en contacto.

—Yo soy Polly Andrews —anunció mi esposa, volviéndose a medias hacia Christy—, y también vivimos en Orange Beach.

Se dirigió de nuevo al grupo, sonriendo y palmeándome en una pierna.

—Soy quien vigila a este hombre.

Eso hizo reír a todos, y Polly terminó con comentarios acerca de las edades de nuestros dos hijos.

—Christy, Polly... como saben, esta es nuestra segunda reunión —anunció Jones sonriendo después de aplaudir—. La semana pasada decidimos que a fin de que todos concordáramos en una forma coherente de criar hijos, en una norma, primero debemos identificar los resultados definitivos que quisiéramos ver en nuestros hijos cuando sean adultos, y luego estar de acuerdo en esos resultados.

El anciano hizo una pausa para tomar aire.

—Por ejemplo, si tú Christy deseas independencia económica para tus hijos, pero a Kelli le preocupa solo que sepan cómo subsistir para mendigar alimentos, el procedimiento operativo para que cada madre logre ese resultado sería diferente. En otras palabras, no habría norma. Christy y Kelli existirían entonces, igual que la mayor parte de la sociedad, como dos madres que han acordado estar en desacuerdo.

Una nueva pausa para que las palabras se asimilaran.

—Sin resultados específicos como objetivo, resultados que se deben acordar de antemano, la mayoría de los padres simplemente se someten a «hacer lo mejor que pueden», lo cual no es una norma. Esa falta de objetivos específicos produce resultados menos que satisfactorios. ¿Está claro?

Christy, Polly y el resto de nosotros indicamos que sí, que el asunto estaba claro.

—Bien. Kelli, ¿tienes la lista que hicimos la semana pasada?
Ella la levantó.

—¿Quieres leerla, por favor? —pidió el anciano.

Kelli leyó lentamente la lista mientras todos garabateábamos
nuestras propias copias. Había veinte resultados en esa lista. La
semana anterior, Kelli, Bart y yo habíamos estado de acuerdo en
cada uno de ellos.

Eran estos:

1. Ser guiado divinamente
2. Poseer gran sabiduría, entendimiento y sentido común
3. Tener espíritu agradecido
4. Tener espíritu alegre
5. Ser económicamente astuto
6. Ser responsable
7. Ser una persona de buena moral
8. Ser leal
9. Tener una fe profunda y constante
10. Tener buenos modales
11. Ser humilde
12. Ser diligente
13. Tener seguridad
14. Ser sincero
15. Ser saludable y tener buen estado físico
16. Tener buenas amistades
17. Tener respeto por la autoridad
18. Tener corazón de siervo
19. Ser un pensador creativo
20. Aceptar el papel de líder, demostrando y guiando eficaz-
    mente a otros a los resultados enumerados aquí.

Jones esperó a que termináramos de escribir.

—¿Alguna pregunta? Antes de seguir adelante, examinemos
las conclusiones muy detenidamente. Recuerden, si intentan crear
una norma acordada por medio de la cual se deba criar a los hijos, el

resultado final tras el que irán debe explorarse a fondo. Solamente el resultado final que deseen revelará lo que se debe hacer en el presente, un procedimiento operativo modelo, a fin de alcanzar ese resultado específico en el futuro.

El anciano esperó mientras examinábamos la lista. Después de un momento nos dio instrucciones de que miráramos la número siete, lo cual hicimos.

—«Ser una persona de buena moral» es algo muy ambiguo, ¿no creen? —objetó el maestro al ver que no había ningún comentario—. Creo que debemos ser más específicos. Hay resultados que se pueden poner en esta lista que cubrirán lo «moral» de modo más efectivo que la palabra actual. Además, abarcan un terreno mucho más firme de lo que la simple «buena moral» jamás podría tener la esperanza de lograr como objetivo.

Jones era paciente, pero cuando vio que nuestro grupito no atinaba la respuesta, nos la dio.

—¿Por qué no tratamos *integridad* y *carácter*? —preguntó—. Y regístrenlas separadamente.

—¿Separadamente? —cuestionó Bart levantando la mirada de sus notas—. ¿No son integridad y carácter prácticamente lo mismo?

—¿Qué creen ustedes? —indagó Jones al grupo—. ¿Integridad y carácter? ¿Son realmente palabras distintas que significan lo mismo?

Después de titubear y de mirarnos unos a otros en busca de apoyo, estuvimos de acuerdo. ¿Eran integridad y carácter la misma cosa? Sí, lo eran. Prácticamente idénticos. Empecé a borrar *integridad* de mi lista.

—No —objetó Jones—. No son lo mismo. Ambas palabras tienen significados totalmente distintos. Para que puedan inculcar adecuadamente integridad y carácter, cada uno de ustedes tendría que saber con exactitud cuál es la diferencia.

Yo estaba acostumbrado a esta clase de situaciones con Jones. Lo había visto excavar corazones y mentes que pocos habían podido alcanzar alguna vez. El anciano escarbaba en el fondo, erradicando la basura de ideas falsas o de evidente manera errada de pensar...

y lo hacía más rápido de lo que las personas reconocían que se hubiera hecho.

Eso es lo que hacía. Todos los días y a toda hora. Recuerdo una vez en que una señora le preguntó a Jones qué clase de trabajo hacía. Él contestó que era arqueólogo de tendencias. Cuando ella preguntó qué era eso, el anciano contestó que se especializaba en «la excavación de pensamientos por los cuales sujetos vivos tenían la tendencia de hacer grandes cosas». Ella no tenía idea de qué quiso decir el hombre, por supuesto, pero yo sí lo sabía. Las pláticas de Jones estaban diseñadas para revelar un patrón de decisiones que finalmente desenterraba el mismísimo pensamiento de una persona.

Polly me miró en busca de apoyo. *¿Todo bien?*, quería saber. Le ofrecí una pequeña sonrisa y asentí con la cabeza. Cuando miré los rostros de los demás pude ver que estaban intensamente concentrados. Bart tenía los brazos cruzados, pero no de manera aislada. Su expresión era de interés y expectativa, como si estuviera disfrutando un misterio en televisión.

—Integridad. Tener integridad —comenzó Jones—, es ser cabal y digno de confianza, capaz de realizar la tarea para la que fue creado. Un banco puede tener integridad. Un puente o una escalera de incendios pueden tener integridad. Una persona también puede tener integridad. Esa persona es honesta, confiable y capaz de realizar las tareas para las cuales fue creada. Es *capaz* de realizar esas tareas.

El anciano hizo una pausa para asegurarse de que lo estuviéramos siguiendo de cerca.

—La moral es diferente. Una persona que no está haciendo lo que está mal puede exhibir moral. Alguien moral no miente ni roba. Pero puede ser moral sin hacer nada. Una persona puede estar en cama todo el día y seguir siendo moral.

Jones se acercó un poco más a nosotros.

—Pues bien, aunque moral no es hacer lo que está mal, carácter es estar haciendo activamente lo que está bien. Por ejemplo, un individuo que ve que se está cometiendo una injusticia, pero no participa en esa actividad sigue siendo alguien moral. No hace nada malo. Pero para hablar, en vez de huir de una injusticia, se requiere carácter. Por tanto, sin la fuerza de voluntad para hacer lo correcto es posible ser alguien moral con carácter débil.

El anciano esperó un instante como para ver si teníamos alguna pregunta. Luego continuó.

—Esto, desde luego, nos lleva a la conclusión lógica de que una persona sin moral no puede ser alguien de carácter. ¿Por qué? Por la sencilla razón de que es imposible hacer lo que es correcto mientras se hace lo incorrecto. Por lo tanto, es lógico que alguien que hace trampa en el golf o que engaña al cónyuge, alguien que miente o roba, no puede ser una persona de carácter.

Todos los oyentes estábamos atentos a cada palabra de nuestro instructor.

—¿Es el carácter una cualidad importante para que sus hijos se desarrollen? Sí, si quieren lo mejor para ellos. Sí, si esperan que los demás resultados en la lista se manifiesten a los más altos niveles... Vean mis amigos, el *verdadero* carácter es esa rara cualidad capaz de levantar a un simple hombre mortal de circunstancias comunes hacia la grandeza. Una persona de integridad, capaz y confiable, está preparada y puede realizar la tarea para la cual fue creada, pero se necesita carácter para hablar, salir y realizar esa tarea.

Nuestro pequeño grupo se encontraba en un buen lugar. Mentalmente estábamos absortos en el anciano mientras él seguía haciendo conexiones que, aunque eran bastante sencillas y evidentemente ciertas, nunca habíamos leído en cuanto a ellas ni habíamos oído que alguien las explicara de este modo. Mientras escuchábamos, y en mi caso mientras escribía frenéticamente todo lo que él decía, Jones permanecía en el suelo del muelle frente a nosotros, sentado cómodamente con las piernas cruzadas.

—Creo que la lista de ustedes es buena —añadió en cierto momento—. Veintiuno es un buen número; sin embargo, ¿cómo cubre un padre todo ese fundamento? En algún nivel todo el mundo entiende que una buena crianza de hijos es como una orientación de por vida en un nivel elevado y muy crítico.

»La mayoría de padres tratan de inculcar en sus hijos el hecho de que donde vayan a parar en la vida tiene algo que ver con las decisiones que sus muchachos tomen. Fáciles ejemplos serían las decisiones tomadas acerca de dónde una persona recibe educación, cuánta educación obtiene, *qué clase* de educación, o si no adquiere educación alguna.

»Hay decisiones respecto a con quién casarse, cuándo hacerlo, o si debe casarse. Las personas toman decisiones acerca de dinero, ahorro y deudas. ¿Dónde vivir? ¿Alquilar? ¿Comprar? Hay decisiones en cuanto a si pedir dinero prestado o no. Y cuánto pedir prestado, ¿tanto como se necesita o tanto como se pueda conseguir? Si no se tiene el dinero ahora, ¿se debería hacer una compra? Hay decisiones respecto a pagos mensuales y a lo que se debería pagar. ¿Espera una persona hacer pagos durante diez años? ¿Nunca hacer pagos? ¿Pagar por siempre? ¿Y qué con relación a las tarjetas de crédito?».

Jones se puso de pie y caminó lentamente frente a nosotros mientras pensaba en voz alta.

—¿Una grande? ¿Una pequeña? Ustedes tienen que tomar ahora la decisión, hoy día. ¿Por qué no dos y ambas de tamaño mediano? ¿Rápida o lenta? ¿Cambiarán mañana los hechos, y cómo será? ¿Cuánto? ¿Rojo o blanco? ¿Ahora? ¿Más tarde? ¿Nuevo? ¿Usado? ¿Qué tan usado? Hay muchas decisiones por tomar y cada una de ellas mueve a una persona a una posición ligeramente distinta en el tablero de ajedrez de la vida.

El anciano dejó de caminar y nos miró de frente.

—Para la mayoría de personas no hay porcentaje de tiempo y esfuerzo en una vida adulta que tenga más efecto en cualquier otra parte de la existencia que lo que uno hace para ganarse la vida. Eso es profesión. Sea que se tenga un empleo, se posea una pequeña tienda o una gran fábrica, o se administre un lugar para alguien más, todo es una profesión.

Los ojos azules de Jones se entrecerraron un poco mientras desentrañaba el rompecabezas en tal manera que pudiéramos colocar las piezas para usarlas en nuestras vidas. Yo podía ver las ruedas girando en la cabeza del anciano.

—Sea cual sea la profesión... o cómo se la dirija —continuó él cuidadosamente—, ¿están ustedes de acuerdo en que las decisiones que un individuo toma a diario tienen gran influencia en esa profesión y en su valor para ella?

Nos miramos unos a otros rápidamente antes de asentir con la cabeza. Ese pareció ser un sí fácil. Todos estuvimos de acuerdo.

—Así que el nivel de éxito o fracaso a largo plazo de un individuo, como empleado, director o propietario, en alguna parte del oficio lo determinará en gran manera la calidad y exactitud de sus decisiones. ¿Realmente importan las decisiones? ¿Es eso lo que ustedes están diciendo?

Otra vez estuvimos de acuerdo. Sí. Las decisiones absolutamente sí importan. Importan a corto y largo plazo.

—Estamos llegando a una conexión inevitable entre la profesión y la crianza de los hijos —añadió Jones—. Permanezcan aquí conmigo. Toda decisión que ustedes tomaron, las mejores y las peores, se basaron en ustedes mismos, fueron simplemente un producto del pensamiento que tenían en esa época. Es nuestro pensamiento lo que gobierna las decisiones que se toman cada día.

Jones nos miró a cada uno mientras asentíamos con la cabeza.

—Las decisiones acerca de qué hacer y cómo hacerlo se convierten en nuestras acciones. Las acciones producen resultados de una clase u otra, y esos resultados son visibles para todos. Con el tiempo esas acciones y sus resultados obran conjuntamente para crear lo que llamamos una reputación...

Jones hizo una pausa para crear expectativa.

—Piensen en su lista de resultados. Esa lista, que se presenta como un inventario de aquello en lo que se ha convertido una persona, un catálogo de sus resultados, debería reflejar una reputación considerable. Sin embargo, ¿qué hay en la raíz, en el inicio, de esa poderosa reputación? ¿Qué se debió establecer primero, hace mucho tiempo, para que las piezas del rompecabezas de la vida pudieran calzar obedientemente en su lugar a través de los años?

—El pensamiento —contestamos en voz alta algunos de nosotros.

—Sí, la esencia de nuestro pensamiento aparece en las profesiones —asintió él—. El proceso de pensamiento es parecido a una simple semilla: brota como una planta, crece durante años, y finalmente da su fruto en la edad adulta. La calidad de ese fruto, ahora dulce o amargo, fue determinado mucho tiempo antes por cómo se cuidó de la planta en las primeras etapas de desarrollo.

Jones se detuvo, respiró hondo y exhaló lentamente.

—Por esto es que la crianza de nuestros hijos es tan importante. La infancia es básicamente el mejor momento para moldear el pensamiento crítico. Muchas escuelas hoy día se han dedicado a enseñar a los estudiantes *qué* pensar. Irónicamente, ese es un ejemplo perfecto de mal pensamiento. No obstante, como sociedad poseemos una habilidad increíble para llegar lógicamente, y a veces peligrosamente, a conclusiones erróneas.

»*Lo que* una persona piensa está determinado por *cómo* piensa. Esto es cierto aunque la conclusión a la que llegue sea exacta, segura y rentable, o que sea ridícula, cruel y lleve a la bancarrota de la compañía».

Jones levantó la mirada y asintió como si confirmara para sí lo que estaba diciendo.

—Sí. *Lo que* una persona piensa está absoluta y perennemente determinado por *cómo* piensa. Por esto es que como padres debemos estar en guardia contra quienes enseñarán a nuestros hijos *qué* pensar, y es por esto que debemos estar en la vanguardia de enseñarles *cómo* pensar.

Jones dejó de hablar y miró hacia la bahía. Traté de ver qué pudo haber captado su atención, pero todo me pareció igual. Observé mi reloj y vi que eran las veinte horas.

—Eso es todo por esta noche —anunció efectivamente el anciano, luego se volvió—. ¿La próxima semana?

—Sí —contestamos todos—. Por favor.

Jones sonrió. Y con eso asintió, se despidió, y se fue.

Once

Baker Larson subió la enorme escalera en espiral, cruzó el amplio pórtico y tocó el timbre. Había hecho cosas más difíciles en su vida, pero por alguna razón pulsar el botón a la derecha de las enormes puertas dobles le debilitó las rodillas. *Esto es una locura* —pensó mientras esperaba.

La noche anterior se había encontrado de nuevo con el anciano, y esta vez Sealy también estuvo allí. En realidad, la pareja no «se había encontrado con él», sino que había salido para encontrar al viejo de pie allí como si los estuviera esperando. Puesto que no se habían mudado por completo a su apartamento, Baker no tenía idea cómo el anciano los había ubicado, pero allí estaba, inclinado contra el recién adquirido y muy usado auto que Sealy había ayudado a elegir a su esposo el día anterior.

Baker había hablado incesantemente con su esposa acerca del viejo esa mañana en el campo de trigo. Él había hablado varias veces con Jones y estaba emocionado de que finalmente Sealy lo conociera. La expresión dudosa del rostro de ella cada vez que traía a colación el tema de Jones le molestaba a Baker. Era como si su esposa sospechara que él estuviera inventando todo. Debido a eso, Baker no le había contado deliberadamente la parte del ave en el bolsillo del viejo.

Tal vez no haya nadie —pensó Baker, esperando que así fuera a pesar de los cuarenta o cincuenta autos agolpados en el camino de entrada. *Debe haber alguna clase de fiesta* —concluyó mientras volvía a tocar el timbre—. *Bueno, tal vez hay tantas personas que no logran oír el timbre.* Él sabía que se estaba aferrando desesperadamente a una esperanza.

Esta visita no anunciada había sido idea de Jones; o su plan o lo que fuera. En todo caso, el anciano lo había mirado fijamente con esos ojos y le había dicho que hiciera esto. Por eso estaba aquí.

Baker conocía al tipo a quien debía ver. Al menos sabía *de* él, pero eso sucedía con todo el mundo en Mobile y en el condado Baldwin. El hombre poseía concesionarios de autos, restaurantes, y una compañía de bienes raíces con oficinas repartidas en varios estados. El individuo se ha diversificado financieramente en una manera que estaba más allá de la habilidad de comprensión de Baker.

Larson miró el amplio pórtico y el jardín impecablemente cuidado. La casa en sí era enorme. Baker había visto casas grandes antes, pero este lugar era diferente de alguna manera. La vivienda no era extravagante ni ostentosa. Solo enorme. Por alguna razón en la que nunca había pensado realmente, siempre había albergado un prejuicio o resentimiento hacia la gente que vivía en casas como esta, pero él no había oído, sino cosas buenas respecto a Jack Bailey. Sin embargo, Baker estaba nervioso.

Lo peor de todo es que no sabía *por qué* estaba nervioso. Quizás debido a que creía que podría estar celoso de este hombre que ni siquiera conocía. Tal vez, pensó Baker, le estaría interrumpiendo una fiesta. Sin duda todos esos autos no pertenecían a los Bailey.

Baker nunca había sido del tipo ansioso, pero sabía que la forma en que se sentía últimamente tenía mucho que ver con su propia situación económica. No había pasado mucho tiempo en que pudo hacer una larga lista de razones por las que estaba quebrado, pero el anciano le había cambiado su manera de pensar con una sencilla conversación.

—Si tu situación es culpa de algo o alguien más —le había dicho Jones—, hay muy poca esperanza y absolutamente ningún poder sobre tu propia vida.

»La responsabilidad tiene que ver con esperanza y dominio propio. Y Baker —le había seguido diciendo el anciano—, ¿quién no quiere la esperanza de un mejor futuro, que poder controlar sus propias decisiones? Se te ha concedido libre albedrío, hijo. Solo que no lo sabías. En este mismo instante estás empezando una nueva carrera. Ahora es el momento para que busques sabiduría como buscarías a un niño perdido o a un tesoro enterrado. No seas como la gente mediocre. La mayoría de las personas buscan las llaves de sus autos con más energía de la que emplean en buscar la sabiduría que puede cambiarles la vida.

»El poder encerrado en el principio de responsabilidad se libera con pensamiento adecuado. Piensa en esta declaración: "Me han ocurrido algunas situaciones desequilibradas y trágicas en la vida, y no he podido controlar ninguna de ellas. Sin embargo, en respuesta a esas situaciones he tomado decisiones que me han llevado por un sendero hacia un lugar que no me gusta".

»Hijo, si puedes entender y creer eso, este va a ser un momento decisivo en tu viaje. ¿Lo ves, Baker? Si puedes entender y creer que has tomado decisiones que te han llevado a un lugar que *no* te gusta, ¿no tiene sentido lógico que ahora simplemente debas tomar decisiones que te lleven a un lugar que *sí* te guste? Sí. Por supuesto que lo tiene».

Jones palmeó a Baker en la espalda.

—Así que ahora tu juego se convierte en buscar sabiduría y aprovechar el poder de esa sabiduría para tomar mejores decisiones.

Baker sabía que el anciano tenía razón, y ahora estaba firmemente aferrado a ese concepto. Con ese cambio en su pensamiento vino esperanza para el futuro y la certeza de que él y su familia podrían... no... Baker tenía la certeza de que él y su familia *irían a* capear esta tormenta. Exactamente cómo lograrían eso, no lo sabía aún con seguridad.

No volvió a pulsar el timbre y se había vuelto para irse cuando la puerta se abrió. Un hombre alto y calvo salió al enorme pórtico con una sonrisa amigable. Parecía tener poco más de sesenta años y estaba aseado y afeitado.

—¿Cómo te va? —saludó el hombre mientras se acercaba con la mano extendida.

—Ah... bien —respondió Baker mientras le estrechaba la mano—. Sí, bien. Gracias.

Baker quedó paralizado por demasiado tiempo, y al sentir esa incertidumbre, el hombre rápidamente llenó lo que se pudo haber convertido en un incómodo silencio. Sonrió e indicó al recién llegado la entrada.

—Me alegra que estés aquí. Amigo, siento mucho que me haya tardado tanto en llegar a la puerta. Ni siquiera oí sonar el timbre. Entra a la casa conmigo. Todo el mundo está en la piscina o en el muelle.

—Señor, me avergüenza decir esto... —titubeó Baker antes de que el dueño de casa pudiera llegar a la puerta, el hombre alto se volvió—. Señor, yo no fui invitado a su reunión, y sé que sería un intruso si...

—Ah, está bien. Bueno, no hay problema —contestó el hombre ya no con una amplia sonrisa, pero aún con una agradable expresión de bienvenida en el rostro—. ¿Te puedo ayudar en algo?

—Sinceramente, no estoy seguro —manifestó Baker mirando el suelo por unos segundos, y respirando hondo—. Quizás no... este... como dije, no estoy invitado a su fiesta... este... se podría decir que me *dijeron* que viniera aquí. Que viniera a verlo.

El hombre era varios centímetros más alto que Baker y estaba consciente del nerviosismo del visitante, quien no parecía amenazador y ni siquiera extraño, sino muy incómodo. Se acercó un par de pasos a Baker y bajó un peldaño de la escalera. Allí, se inclinó contra la barandilla. Solo hasta más tarde Baker se dio cuenta de que el hombre alto se había colocado físicamente en una posición más baja, y que lo había hecho a propósito para no intimidar más al hombre más joven que de por sí ya estaba nervioso.

—¿Te *dijeron* que me vieras? Está bien. Eso parece una anécdota.

—En realidad eso es todo lo que sé. Jones me dijo que lo viera a usted. Tal vez no debí haber venido, siento mucho que...

Jack levantó la mano, pidiendo silencio sin manifestarlo.

—¿Jones? —preguntó simplemente.

—Sí señor.

—¿Cabello blanco? ¿Ojos azules? ¿Jeans y camiseta?

—Sí señor.

Jack meneó la cabeza, alejando la mirada de Baker.

—Así que aún está vivo —expresó, como para sí mismo.

—Sí señor. Es él. Y está vivo —respondió Baker alcanzando a oír las palabras—. Aunque casi le disparo hace poco.

—¿Que tú qué? —replicó Jack con las cejas arqueadas.

—En realidad no pasó nada —contestó Baker encogiendo los hombros con una sonrisa y meneando la cabeza—. Es una larga historia. Simplemente se atravesó en mi camino en el peor día de mi vida. En cierto modo me sorprendió, es todo.

—Sí, él suele aparecerse de ese modo —opinó Jack asintiendo secamente con la cabeza, entonces extendió la mano—. Soy Jack Bailey. Por favor, dime tu nombre otra vez.

—Baker Larson, señor Bailey —respondió él, estrechando la mano de Jack por segunda vez—. Me alegra conocerlo. Siento mucho haberlo interrumpido, pero Jones me dijo que viniera aquí.

—Llámame Jack, por favor. Si me llamas señor Bailey harás que me vaya a buscar a mi padre. Y también tutéame.

Estas eran frases que Jack usaba a menudo. Relajaban a las personas y las hacía sonreír.

—Así que Baker, ¿qué hay de nuestro amigo? ¿Sigue por ahí? —inquirió Jack, ansioso por informarse.

—Hasta donde sé... bueno, sí. Estoy seguro de que sí. Mi esposa y yo nos volveremos a reunir con él el jueves próximo en la tarde.

Jack se detuvo momentáneamente. Sabía que no tenía sentido tratar de encontrar al anciano. De haber querido, habría venido con Baker. *Este amigo* —pensó Jack mientras miraba al hombre más joven—, *es mi clave para volver a ver al viejo. ¿Pero por qué está aquí? ¿Y qué se supone que debo hacer?*

—Ahora bien —manifestó Jack—, no estás interrumpiendo nada en absoluto. Es más, insisto en que te quedes. Hemos encendido las parrillas y estamos a punto de comer, charlar y dejar que los chicos jueguen en el agua.

—Si usted está seguro —replicó Baker.

—Lo estoy. Y te pedí que me tutearas. ¿Tienes hambre? —declaró Jack bajando las escaleras e indicándole al hombre más joven que lo siguiera.

—Siempre tengo hambre —contestó Baker sonriendo y caminando tras Jack—. Pero primero... es evidente que conoces al anciano. ¿Y también te dijo que lo llamaras simplemente Jones?

—Sí, yo lo llamaba Jones —informó Jack, deteniéndose a medio camino a través del patio—. Solo Jones. Sin embargo, hace mucho tiempo conocí algunas personas que lo llamaban García. Otros lo llamaban Chen. Pero para mí es Jones.

—¿Hace mucho tiempo? —indagó Baker, quien parecía intrigado.

—Sí, veintiocho años atrás, en realidad. No lo he visto desde entonces.

—¡Estás bromeando! —exclamó Baker.

—Vamos por la parte trasera —declaró Jack saliendo de sus pensamientos y volviendo al presente—. Comamos algo. Te puedo decir desde ya que tenemos mucho que hablar al respecto.

Cuando Baker vio por primera vez la parte trasera de la casa, quedó atónito. Nunca había visto algo con qué comparar lo que yacía ante él.

—¿Qué te parece, Baker? —preguntó Jack—. ¿A mí? Me parece que aquí hay un millón de niños.

Los niños no fue lo que Baker había visto primero, pero debió estar de acuerdo. En realidad había niños por todas partes. Estaban en el deslizadero, en la piscina, saltando a la bahía desde el muelle, haciendo cola para montar en juguetes de agua jalados por botes, y comiendo hamburguesas, asado y pizzas. También había muchos adultos. Por la manera en que observaban a los niños, Baker supuso inmediatamente que la mayoría eran padres de familia.

—¿Quiénes son estas personas? —le preguntó a Jack—. ¿Haces esto todos los sábados por la tarde?

—A veces parece que así es —contestó Jack—. Creo que nuestros vecinos tal vez piensen eso. Pero este grupo particular de niños y niñas son mis amigos de pesca.

Baker esperó la explicación que el comentario prometía, y que Jack se vio forzado a ofrecer.

—Muchos de estos niños están enfermos. Los que no lo están son amigos de ellos. En un evento de recaudación de fondos anuncié desde el escenario que llevaría a pescar a todos esos niños si la audiencia levantaba cierta cantidad de dinero. Lo hicieron, y aún lo sigo haciendo. Este fue solo un día en medio de los viajes. Mary Chandler, mi esposa, los imaginó a todos juntos a la vez y quiso permitirles que se divirtieran.

—¡Debes estar bromeando! —exclamó Baker—. ¿Llevas a *todos* esos chicos a pescar?

—Sí. Toma algún tiempo, y quedo apaleado, pero ha sido increíble. Tanto para mí como para ellos. Solo hemos tenido que posponer un par de viajes debido al mal tiempo, así que he estado mucho tiempo fuera —explicó Jack, entonces cambió de tema—. Dijiste que tenías hambre. Comamos.

Más allá de la piscina con vista a la bahía había algo que Baker solo pudo describir como una cocina al aire libre. Cómodos asientos, un fregadero de acero inoxidable, una refrigeradora, un congelador... pero lo que llamó la atención de Baker fue la isla de hornillas alrededor de la cocina en un semicírculo. Al menos de ocho metros de largo, estaba cubierta de piedra pulida y tenía incrustadas seis parrillas Kamado de porcelana.

—¡Oh, Dios mío! —exclamó Baker sin poder ocultar su entusiasmo—. ¡Tienes auténticas parrillas Kamado de cerámica! Santo cielo... ¡hay seis! Amigo, esas son las más grandes que se consiguen, ¿verdad?

Jack asintió con la cabeza.

—¡Vaya! Son las auténticas Kamado.

Baker sabía qué estaba mirando. La parrilla Kamado en forma de huevo había sido creada con una cerámica especial desarrollada por la NASA para el programa espacial. Utiliza carbón natural, no químicos, incluso cuando está encendida, y la temperatura se puede controlar en pequeños aumentos de 50 a 370° centígrados.

—Amigo —expresó Baker—. Me gusta tu casa, y la piscina es fabulosa, pero esto es lo mío. ¡Amigo! ¡Estoy en el cielo de los chefs!

—Maravilloso, me alegra que te guste la cocina —comentó Jack sonriendo, colocándole entonces un plato a Baker—. Están haciendo pizzas en las dos del fondo. Vegetales a la parrilla en la siguiente, dos pavos de veinte libras en la número cuatro, hamburguesas y perros calientes en la cinco, y catorce anaqueles de costillas, que parecen ir rápido, en el quemador más cercano a nosotros.

A Baker le gustaba cocinar y le encantaba hacerlo al aire libre. Varios años antes, creyendo que ahorraría algún dinero, había comprado una de las más baratas de imitación que se importaban, a fin de competir con la parrilla original. A los seis meses el acabado se desvaneció, el equipo de resortes y los mangos se enmohecieron, y varios meses después de eso, la cerámica (o cualquier cosa que fuera) comenzó a rajarse y a desmoronarse.

Baker revisó en línea y descubrió que las auténticas parrillas de cerámica tenían garantía de por vida. Después de leer todas las emocionantes reseñas pagó solo un poco más de lo que había pagado por la de imitación, cocinó en ella esa noche, y empezó lo que Sealy denominó «la aventura amorosa de Baker con la parrilla Kamado».

Ahora, en presencia de seis de los hornos de jardín, era casi más de lo que Baker podía experimentar. Tomó un poco de todo, inclusive más pizza de la que hubiera agarrado si Sealy hubiera estado allí, pero el atractivo de la pizza de pepperoni era demasiado fuerte. Cargado también en demasía, y mientras balanceaba platos en los brazos, Jack hizo con la cabeza un gesto a Baker.

—Aislémonos por aquí.

Se detuvieron en una mesa en el borde de la propiedad. Después de algunos minutos de charla acerca del sabor de esto o aquello, y de un corto pero apasionado discurso de Baker en que enumeró las muchas ventajas de la parrilla Kamado de cerámica sobre las de gas, Jack retomó el verdadero asunto que les incumbía.

—Baker —comenzó—. No sé cómo te encontraste con ese anciano, pero creo que eso me dice algo respecto a tu actual situación. ¿Y hasta el momento has hablado con él algunas veces?

—Sí señor. Así es.

—Bien —contestó Jack sonriendo y asintiendo con la cabeza—. Bueno, si tienes cerebro en la cabeza, lo cual veo claramente que así es, eso me dice algo acerca de tu futuro.

El hombre consumió un poco del pavo ahumado entre dos rebanadas de pan y se quedó en silencio por un rato. Miró hacia la bahía, observando a los chicos sobre un flotador en forma de banano gigante jalado por una lancha pequeña.

—¿Por qué estoy aquí hoy día? —inquirió Baker adelantándosele a Jack cuando este tomaba aire para hablar.

Jack cerró la boca.

—Eso es lo que me he estado preguntando —respondió pensando por un segundo antes de replicar—. ¿Por qué *estás* aquí? No me malinterpretes... estoy contento de que estés aquí. Pero si Jones está detrás del asunto, hay una razón. ¿Qué se supone que te diga, que estás aquí para ver algo? ¿O se trata de algo que debas enseñarme?

—Dudo eso —expresó Baker mordiendo un último pedazo de pizza.

—¿De veras? —inquirió Jack inclinando la cabeza—. Si realmente dudas de que haya algo que yo pueda aprender de ti, entonces tal vez no hayas estado con el anciano tanto tiempo como yo creía.

Entonces el hombre joven echó la cabeza hacia atrás.

—Estoy bromeando —comentó Jack pinchando juguetonamente a Baker en el hombro—. Solo bromeaba. Mira, Baker, tú y yo sabemos que cualquier cosa que se supone que debamos hacer o averiguar, lo más probable es que esté justo frente a nosotros.

—Perspectiva —respondió Baker.

—Sí —concordó Jack—. Perspectiva. Así que exploremos cada ángulo del rompecabezas.

—¿Sabes cuál es el rompecabezas? —indagó Baker.

—No, pero sé que Jones diría que persistas a toda costa —declaró Jack ordenando sus ideas mientras recogía servilletas, vasos y restos de comida y luego iba hasta un basurero cercano y tiraba los platos desechables antes de volver a acomodarse a la mesa y continuar—. Como una profunda lección en cuanto a la persistencia, Jones me convenció hace mucho tiempo que la mayoría de las personas acoge la confusión con conformismo. Cuando no saben qué hacer, no hacen nada. La persona promedio encuentra un obstáculo y se dice: «Esto no es para mí», o «no soy la clase de persona que hace cosas como esta». El individuo promedio reacciona a la confusión en forma mediocre. Se contiene. Pero los que logran resultados extraordinarios piensan de manera diferente. Entienden algo muy importante respecto a la confusión.

—¿Y qué sería eso? —preguntó Baker.

—La confusión precede al aprendizaje —continuó Jack—. Esa es una cita directa del anciano. Escucha: la confusión precede al aprendizaje. Los pensamientos ansiosos que parecen tan desconcertantes o desalentadores en realidad son la puerta hacia el entendimiento. Solo batallando de manera persistente con lo que *todavía* no haces o lo que *todavía* no entiendes puedes tener alguna vez la esperanza de conseguir lo que la persona promedio nunca logrará.

—La parte *todavía* es la clave, ¿verdad? —comentó Baker.

—Sí, así es —convino Jack—. Al enfrentar una tarea difícil la mayoría de las personas admite, al menos para sí: «No puedo hacer eso». La diferencia que proporciona saber que la confusión siempre precede al aprendizaje es: «No puedo hacer eso *todavía*». Cuando una persona comprende el concepto, abre por completo la posibilidad a toda una vida totalmente distinta a la que ha vivido.

—Detente y explícame esto —pidió Baker después de pensar por un momento en las palabras de Jack—. No trato de ser cómico, pero estoy un poco confundido ahora mismo. Sin embargo, creo que cuando entienda esto por completo, el concepto cambiará mi vida.

—Definitivamente lo hará —replicó Jack riendo y asintiendo—. Muy bien, ponme atención. Una señal de madurez en alguien es su habilidad para vivir con, e incluso *en*, confusión. El individuo promedio se topa con el borde de la confusión y se aleja. Huye de la confusión en sus inicios, apenas aparece. «No puedo hacer esto —declara—. Esto no es para mí». No desea vivir en confusión, o ni siquiera cerca de esta, y por eso busca un camino más fácil.

Jack hizo una pausa para que la idea se asimilara.

—El individuo maduro, el gran triunfador, comprenderá que los grandes premios de la vida están protegidos por la confusión. Siente la victoria que existe detrás de la confusión y expresa: «No puedo hacer esto... *todavía*. No soy bueno en esto *todavía*, pero me esforzaré y mejoraré hasta ser competente, luego excelente, ¡después grandioso! Lucharé y persistiré a través de la confusión hasta abrirme paso hacia el entendimiento o hacia una mayor habilidad requerida para la victoria.

»"No puedo tocar guitarra... todavía". "No puedo resolver este problema de álgebra... todavía". "No puedo hablar en público... todavía". ¿Lo ves?».

—Sí —respondió Baker—. Es un proceso de pensamiento, ¿correcto? Abre nuevas posibilidades para casi todo. Es decir, para cualquier cosa en la que alguien quiera convertirse: un gran padre, un próspero ejecutivo de ventas, un lector más rápido... todo está al alcance. Cuando piensas al respecto, esa es una manera de pensar basada en la realidad. ¿Por qué creería alguien que sería fabuloso ser original? Yo deseo ser un gran cocinero. No soy un gran cocinero... todavía. Por tanto, viviré con la confusión y la desilusión de comidas arruinadas mientras practico, hasta llegar a dominar las habilidades y la coordinación que necesito para ser un gran cocinero.

Baker pensó por un momento, queriendo entender claramente y formar la idea en palabras que pudiera recordar.

—Es asombroso —añadió finalmente—. Todo el concepto de «confusión antes de aprender» significa que la confusión protege las respuestas que buscamos.

Jack estaba en silencio, asintiendo con la cabeza mientras Baker continuaba con la idea.

—Tengo que estar dispuesto a examinar la confusión y batallar con ella a fin de alcanzar la victoria al otro extremo. Es como, si al estar aquí, la confusión estuviera frente a mí, y justo detrás de esta espera la respuesta o la habilidad que necesito para llevar mi vida hacia una dirección nueva e increíble.

De pronto los ojos de Baker se abrieron, y miró a Jack como si acabara de alcanzar el otro lado de este mismo asunto.

—Es sencillo, realmente —continuó—, y algo muy común cuando piensas al respecto. ¿Por qué tememos tanto a la confusión? Esta no es más que una palabra para «no conozco la respuesta». Y en realidad, ¿no es verdad que todo el tiempo, exactamente antes de saber la respuesta, estamos en la posición de... no saber la respuesta?

Baker rió asombrado y aliviado.

—Cuando lo pienso de ese modo, estoy listo para tratar con la confusión y estar un poco más tranquilo, ¡y más feliz en el proceso!

Los dos hombres permanecieron callados por un momento. Baker se concentraba en gran manera mientras disponía los nuevos pensamientos en la plataforma «permanente» de su cerebro. Jack entendió lo que estaba ocurriendo y con paciencia dio tiempo al hombre más joven para que cimentara de forma cognoscitiva la perspectiva recién encontrada. Estaba muy consciente de la enorme diferencia en niveles de logro demostrados por quienes entendían este principio, contra aquellos que no lo entendían.

—¿Sabes? —expuso Jack cuando el momento pareció adecuado—. No he visto a Jones en veintiocho años.

Baker asintió con la cabeza, aunque ninguno de los dos se estaba mirando.

—Obviamente había *sabido* que él se fue —continuó diciendo con el ceño fruncido, concentrándose de manera intensa como si un pensamiento específico estuviera desenfocado y simplemente fuera de su alcance, luego tomó un sorbo del vaso e hizo sonar el hielo—. Le he estado dando vueltas a esa idea desde que apareciste, pero nunca *sentí* como si se hubiera ido. Es como si se me hubiera ido de la mente, pero aún estuviera en mi corazón... En realidad no tiene sentido. Incluso para mí. Pero aún me siento de ese modo.

Jack miró por encima de Baker.

—Es decir, ahora mismo, aún me siento de ese modo.

Otra vez permanecieron en silencio, Baker consumido con pensamientos del futuro, Jack habiendo sido agarrado de repente por el pasado. Jack Bailey y Baker Larson eran muy distintos entre sí, pero de algún modo estaban unidos por un anciano que había tocado la vida de ambos.

—Cuéntame tu historia, Baker —pidió finalmente Jack volviéndose hacia el hombre más joven—. Háblame de tu familia. ¿Qué haces? ¿De dónde eres? ¿Cuándo apareció Jones exactamente? ¿Qué depara el futuro para Baker Larson? Quiero escucharlo todo.

Por mucho tiempo Baker hizo exactamente eso. Respondió toda pregunta que Jack le hacía, y con solo un poco de ayuda explicó exactamente dónde estaba con relación a su economía y a la esperanza que había obtenido estos últimos días debido a Jones. Confesó que esa esperanza parecía no basarse en la realidad, sino que estaba allí, en lo profundo de él, manteniéndose exactamente igual.

Le contó la historia del campo de trigo y cada detalle que pudo recordar acerca de ese día, con solo tres excepciones menores. Jack lo escuchaba describir cómo esa mañana el anciano había aparecido con los estorninos, cómo le había quitado el arma, y cómo Baker se había sentido obligado a quedarse y escuchar. Le contó a Jack todo lo que pudo recordar que Jones le había dicho.

Baker se guardó la parte acerca de haber matado las aves porque temía cuál podría ser la reacción de Jack. Tampoco dijo nada respecto al anciano tocando la parte inferior del ala del estornino. Baker había repasado ese momento en la mente muchas veces y no podía explicarlo, ni siquiera a sí mismo. Así que, ¿cómo podría decir a alguien que acababa de conocer: «Vi a un tipo tocar un ave y las plumas negras se volvieron blancas?». Ah... no. No podía contar a nadie esa historia. Él sabía que ese cuento solo haría creer a los demás que *él* era raro.

Lo último que Baker se saltó fue la parte en que el anciano metió el ave al bolsillo. Para ahora quería a Jones y supo que Jack sentía lo mismo. Todo el asunto de «poner una pájara muerta en tu bolsillo» lo ponía en una situación incómoda. Baker pensaba que esto podría hacer que el anciano pareciera senil o algo más. En todo caso, era innecesario alargar la historia, así que se guardó el detalle.

Cuando terminó, Jack tenía un par de preguntas.

—¿Dónde está viviendo tu familia ahora mismo, Baker?

—Estamos en un apartamento —comentó él—. Tiene una alcoba para nosotros y otra para las chicas. Nada especial, pero está bien. Al principio me avergonzaba. Ahora lo único que deseo es solucionar algunas cosas y rodar en la dirección correcta.

—¿Cómo solucionaste lo de los vehículos?

—Bueno, las dos hermosuras que teníamos las devolví a *tu* lugar —confesó Baker volviendo la cabeza y sonriendo; luego Jack hizo un gesto involuntario y Baker rió—. Ah bueno, no te sientas mal. Yo no me siento mal. Tu gente en el concesionario nos consiguió algo usado, *de segunda mano*, creo que fue el término que prefirieron... y estamos bien. Mira, en realidad puedo darme ese lujo.

—No quiero ser entrometido, pero si ya no tienes tu tierra, y esta era tu fuente de ingresos... y aún no tienes trabajo...

—¿Cómo conseguiría yo el dinero para los autos?

—Solo por curiosidad —contestó Jack levantando la barbilla y sonriendo.

—Amigo, no tienes idea de cuántas cosas teníamos en esa casa —expresó Baker encogiendo los hombros—. Créeme, era bastante. Teníamos algunos días antes de salir, e hicimos una enorme venta de garaje hasta que nos fuimos. Vendimos casi todo. Tres televisores, varias cámaras, un par de binoculares, dos juegos de palos de golf... No necesitábamos todo eso en un apartamento.

Entonces hizo una pausa.

—A decir verdad, no necesitábamos todo eso para nada —continuó Baker, y se le iluminó el rostro—. Sabes, lo fabuloso es que Sealy se siente bien con todo lo que estamos haciendo. Al principio fue difícil... claro, ahora estamos bien, sigue siendo difícil pero nos mantenemos firmes. Estamos viviendo dentro, ¿no es así? Hay gente que no tiene esa suerte.

—Es verdad —asintió Jack—. Esa es una perspectiva bien elegida.

—Sí, Jones me dijo eso —confirmó Baker—. Me la paso repitiéndolo, sabes... ¿la parte acerca de vivir adentro? Debo recordármelo. Me siento mejor cuando lo hago.

—Ese es un absoluto humano —concordó Jack—. Todos nos sentimos mejor cuando somos agradecidos. Hay gran sabiduría en entender que por mala que sea la situación, siempre hay algo por lo cual podemos elegir ser agradecidos.

—Es verdad —comentó Baker reflexionando en eso—. Nunca se me ocurrió que cuando soy agradecido es porque he elegido pensar de ese modo. Eso es algo nuevo... el hecho de que yo pueda elegir...

Los ojos de Baker le brillaron.

—Mira, eso *es* perspectiva, ¿correcto? Perspectiva es en definitiva cómo *decido* ver una situación.

Estiró el brazo y juguetonamente palmeó a Jack en la pierna con el dorso de la mano.

—He aquí algo por lo que estoy agradecido... ¡no tuve que vender mi parrilla Kamado!

—¿Así que también tienes una? —exclamó Jack riendo—. No asombra que sepas tanto acerca de ellas.

—Sin embargo, la mía no es la más grande. Es de tamaño regular. Le dije a Sealy que en el peor de los casos podríamos estar viviendo al aire libre, pero que *estaríamos* comiendo bien.

—Así es —terció una voz, y los dos hombres se volvieron para ver a Jones sonriendo y aplaudiendo lentamente a solo unos metros de distancia—. Creo que él lo logró. ¿Qué crees, Jack?

Doce

—¡Jones! —exclamó Baker—. ¿De dónde vienes?

Jack no dijo nada pero se paró y se dirigió directo hacia el hombre, dándole un fuerte abrazo.

—No puedo creer que seas tú —logró decir al fin.

Jones le dio un abrazo por su cuenta antes de luchar por escaparse de los brazos del hombre mucho más grande.

—No voy a serlo si me aplastas como a un insecto —comentó riendo.

Baker se levantó de la mesa y permaneció a un lado con una sonrisa en el rostro, observando la reunión. Finalmente Jack soltó a su viejo amigo y se enjugó lágrimas del rostro.

—¿Sabes por cuánto tiempo desapareciste? —preguntó Jack poniendo las manos en las caderas, y tomando repentinamente una actitud seria.

—¿Lo sabes tú? —contestó el anciano levantando las cejas blancas.

—Sí —respondió Jack—. Te desapareciste por más de veintiocho años.

—Ah... parece que fue ayer —comentó Jones moviéndose hacia el borde del agua y haciendo señas a los dos hombres de que lo siguieran—. De todos modos, en realidad no me he ido. He estado por ahí.

Jack abrió la boca para hablar, pero antes de que pudiera articular una sola palabra Jones continuó.

—Este lugar es hermoso, hijo. Has trabajado diligentemente... sabiamente.

Entones hizo oscilar un brazo hacia la muchedumbre, principalmente compuesta de niños.

—Estoy orgulloso de cómo estás usando tan bien las recompensas de tu éxito —añadió.

Una vez más Jack estuvo a punto de hablar, pero Jones lo hizo primero. Levantó los brazos como para abarcar la propiedad entera con todos los niños y sus padres.

—Fueron tus esfuerzos de años atrás los que hicieron posible todas las partes de este día. Trabajaste en fe. Te afanaste a través de la confusión, en base a la desesperanza, por sobre las distracciones, y de vez en cuando bajo ataque. Hiciste el trabajo con un canto en el corazón y una sonrisa en el rostro. Hiciste esto aunque no tenías ganas de cantar o sonreír, ni siquiera de salir para enfrentar otro día.

Jones colocó la mano en Baker y le apretó brevemente el brazo.

—Este hombre conoce la incertidumbre que estás enfrentando ahora —manifestó asintiendo hacia Jack—. Ha pasado por el fuego... varias veces, de veras; y el Jack Bailey que ves ahora es producto de ese fuego. Él se ha dejado moldear y conformar. La semilla de la vida de Jack, la cual implantó de manera intencional y tendió con cuidado, ahora está produciendo el fruto que se esperaba como el justo premio por obedecer principios y hacer el trabajo requerido.

Los ojos azules de Jones escudriñaron cuidadosamente el patio. Cuando halló a la persona que estaba buscando, sonrió y señaló.

—La chica alta de verde... cabello rubio largo... la que está empujando a los dos niños en el columpio. ¿La ven? —preguntó.

Los dos hombres contestaron afirmativamente.

—Se llama Bella. Bella Serra. Hermoso nombre, ¿verdad? —explicó Jones, y de nuevo ambos hombres estuvieron de acuerdo—. Sí. Un hermoso nombre para una chiquilla hermosa. No está enferma. Tampoco tiene una amiga íntima que lo esté.

Bella tiene un corazón para ayudar a quienes están sufriendo... aquellos que son menos afortunados. Y ella no es la única.

Entonces se dirigió a Baker.

—Hay bastantes personas, jóvenes y viejas, que han sido inspiradas por Jack y Mary Chandler.

Entonces puso una mano en el hombro de Jack.

—Sí señor —le dijo al hombre más alto—. Estoy orgulloso de tu influencia y ejemplo.

—Hablando de Mary Chandler, aquí viene —concordó Jack—. Te advierto de antemano, Baker, que ella puede ser mandona en momentos como este.

Jones rió ante el comentario.

—¿Momentos como cuál? —preguntó Baker, tratando de ocultar su sonrisa.

Los tres hombres estaban en el borde del muelle, mirando hacia la casa, y Mary Chandler acababa de salir por la puerta.

—Momentos como este: hora de limpiar —contestó Jack, luego hizo una pausa, y observó a su esposa que bajaba aprisa los escalones traseros, no le quitó la mirada de encima—. Ella es hermosa, pero cuando hay que hacer algún trabajo, especialmente aquí afuera, está en modalidad de resultado total, ¡así que ten cuidado!

Rieron en voz alta mientras la observaban caminar hacia ellos con determinación.

La fiesta había terminado. Aún quedaba más o menos una hora de luz del día y un montón de cosas por limpiar, trapear y guardar. Mary Chandler estaba rodeando la piscina con la mirada fija en su esposo y su invitado, a quien ya había conocido. La mandíbula se le cayó, el rostro le centelleó, y se aceleró al reconocer a Jones.

Efectivamente, Mary Chandler tenía una larga lista de cosas que se debían hacer al momento, y no fue tímida en incluir a Baker en el detalle. Desde luego que él estuvo feliz de ayudar y apreció la oportunidad de pasar aun más tiempo con Jack.

A Jones, como se vio después, no se le pidió hacer ninguna clase de trabajo. Mary Chandler se lo había llevado para sentarlo en el pórtico trasero, declarando que por una vez quería al anciano para ella. Durante las horas siguientes, cada vez que Jack los miraba, el viejo amigo estaba en profunda conversación con su esposa.

Jones sorbió su té helado, observando de cerca a la elegante mujer. Ella estaba exactamente frente a él, sentada en el sofá con la espalda hacia el agua a fin de que su invitado pudiera disfrutar el paisaje. Sin embargo, Jones no estaba realmente interesado en eso, así que por el momento el paisaje aunque espectacular fue poco apreciado. Él estaba con esta mujer en este momento por una razón específica, y esa razón no tenía nada que ver con si él disfrutaba o no mirar hacia la bahía.

Esa razón, cuando él abordara el tema segundos antes, había cerrado la cautivante conversación anterior. Mary Chandler Bailey ya no sonreía ni le sostenía la mirada con la suya. Ya no era la fina anfitriona. En vez de eso, miraba hacia un lado, hacia abajo y a lo lejos, evitando la pregunta de Jones, y ahora, al parecer, también a él.

Años atrás el anciano había pasado su tiempo casi exclusivamente con Jack, y se había encontrado con Mary Chandler solo en un par de ocasiones. No obstante, de manera increíble después de casi tres décadas de estar lejos, el anciano parecía conocer a la mujer tan bien como su esposo. Él referenciaba lugares y personas que ella conocía, y a su vez ella estaba asombrada disfrutando cada palabra. Hasta que el hombre trajo a colación lo único que Mary no quería considerar.

Mary Chandler se había criado en un hogar de clase media como hija única de padres tiernos. Su padre era un amante de la naturaleza, y le enseñó a su hija a disparar, montar y pescar. Mary quería mucho a su padre, pero fue su madre quien era su mejor amiga. Se mantuvo como la mejor amiga de su madre durante sus años de adolescencia y mientras estuvo en la universidad. Incluso después de casarse con Jack, Mary Chandler disfrutaba mucho la compañía de su madre y recibía con agrado sus consejos.

Fue después que llegaran los hijos que se hizo evidente alguna clase de distancia entre ellas. Mary Chandler no estaba segura de por qué se sentía de ese modo, pero el resentimiento era real. *No me vuelvas a decir cómo lo harías tú*, a menudo pensaba mientras miraba directamente a su madre. Sin embargo, el respeto exterior hacia personas mayores, en especial a sus padres, estaba profundamente arraigado en Mary, por lo que ella permanecía en silencio, sin expresar nunca alguno de sus enfados.

No hablar de la separación solo amplió con el tiempo la brecha entre las dos mujeres. Mary Chandler no decía nada al no entender por qué se sentía del modo en que lo hacía, y deseaba evitar un altercado. Su madre no decía nada debido a que amaba a su hija en gran manera, y le preocupaba que alguna conversación acerca de cualquier cosa que estuviera sucediendo empeorara las cosas.

Así sucedió por años, las dos habían permitido que una infección desconocida creara distancia entre una madre y una hija que se amaban mutuamente. La relación de ellas nunca fue muy mala; solo que ya no era lo que había sido. Y ahora Mary Chandler se recordaba a menudo que era demasiado tarde. Las conversaciones con su madre acabaron. Nunca volvería a tenerlas.

—Mary Chandler —había preguntado Jones—, ¿cómo crees que le está yendo a tu madre?

—Nada bien —había contestado ella con labios fruncidos.

Al romper el contacto visual con el invitado con quien había estado encantada de relacionarse solo segundos antes, Mary Chandler cruzó inconscientemente los brazos, después las piernas.

—No deseo entrometerme —expresó Jones—, pero en realidad me gustaría saber. ¿Cómo crees que está ella?

Mary Chandler volteó la cabeza otra vez hacia el anciano, mirándolo por sobre sus lentes de leer.

—Jones —le dijo en una repentina y débil voz—, he oído a Jack hablar de ti durante casi tres décadas. Si he aprendido algo respecto a ti en este tiempo es que, sí, deseas entrometerte. Sin ofender, comprende. Más que de nadie, estoy agradecida por tu intromisión en nuestras vidas hace años. Pero esto es distinto. Ni siquiera tú puedes darle ya perspectiva a mi madre acerca de algo. Así que por favor... por favor... no quiero hablar al respecto. ¿Está bien?

Respirando hondo, ella miró hacia el muelle y vio que Jack aún estaba allí antes de volverse otra vez hacia Jones.

—Gracias —le manifestó.

—¿Por qué? —preguntó el anciano.

—Por no hablar de mi madre —replicó Mary enarcando las cejas con cierta sorpresa.

—Ah, sí —declaró él amablemente—. ¿Entonces, Mary Chandler... cómo crees que le está yendo a tu madre?

—No... bien... para nada —balbuceó ella a través de dientes apretados—. ¿Por qué estás haciendo esto? ¿Cuál es el punto? ¿Qué quieres que diga? Ella está viva, pero en realidad no...

—Está bien —la interrumpió Jones viendo que lágrimas bajaban por el hermoso rostro de la mujer de mediana edad—. Soy tu amigo. También soy amigo de tu madre.

—¿Qué? —exclamó incrédula levantando la cabeza—. ¿Conoces a mi madre?

—Desde luego —respondió él encogiendo los hombros—. Soy viejo. Durante años he estado dentro y fuera de Mississippi. Conozco a muchas personas.

—¿Pero a mi madre?

—Sí, conozco a tu madre —declaró él—, Y francamente sé cómo le está yendo. Solo quería saber cómo crees *tú* que le estaba yendo a ella.

—Bien, te lo dije.

—Sí, lo hiciste —expresó el anciano—. ¿Te puedo preguntar por qué te enoja tanto la situación de ella?

—¿La has visto?

—Sí.

—Entonces no necesitas hacer esa pregunta. Mi madre está muerta... excepto que no lo está. El Alzheimer ha impedido que el cerebro le funcione por completo. Durante dos años ha estado peor y peor. Ahora ni siquiera habla. Come, duerme y va al baño. Eso es todo.

Mary Chandler se quedó callada por un instante, y Jones tampoco dijo nada. El anciano esperó, sabiendo que ella tenía más qué decir.

—Lo que mi madre está experimentando es un castigo cruel e inaudito —continuó—. No hay razón para que ella tenga para vivir. No hay propósito en esto. Sin embargo los médicos afirman que mi madre es fuerte y que físicamente está bien. ¿Por qué? Esto está mal. No se debería permitir que ocurra. Dios no está poniendo atención.

—¿Por qué crees eso? —interrogó el anciano.

—Porque si Dios estuviera poniendo atención habría permitido que mi madre muriera... que falleciera pacíficamente. Como dije, mi madre ya no puede servir para algún propósito, y sin propósito lo que experimenta es absolutamente sin sentido, innecesario y, sí, cruel.

—Tengo curiosidad —expuso él inclinándose hacia adelante—. ¿No se te ocurre un solo propósito para que tu madre continúe con vida en este planeta?

—Ninguno —declaró Mary Chandler sin dudar, y apenas disimulando su creciente molestia.

Jones se recostó suspirando.

—Otra desanimada vendedora de zapatos, veo. Bueno —expresó él mientras se palmeaba las manos en los muslos—. He tratado con muchos de ellos. No te preocupes. Comencemos.

—¿Comenzar qué? —cuestionó Mary Chandler con el ceño fruncido—. ¿Y qué dijiste que era yo? ¿Vendedora de zapatos? ¿Qué significa eso?

—Vamos a ir a otro lugar de perspectiva adecuada. Y lo que dije fue que eres una desanimada vendedora de zapatos. Es solo mi pequeña broma interior. Es mi manera de referirme a personas que basan sus conclusiones en un solo punto de vista, del lado equivocado de una situación. Trágicamente, por lo general les impide actuar de manera correcta. Pero en tu caso, es trágico e irónico.

La mujer no sonrió y ni siquiera movió la cabeza.

—A riesgo de volverme más ofensiva —manifestó ella lacónicamente—, ¿por qué tan solo no me explicas lo de la desanimada vendedora de zapatos?

—Está bien —contestó Jones—. Hace cien años dos compañías de zapatos enviaron cada una un vendedor a África. Viajaron en el mismo barco y llegaron a su destino al mismo tiempo. Sin embargo, a las veinticuatro horas, el primer vendedor estaba redactando un telegrama para su jefe, declarando que la expansión de la empresa al África iba a ser un desastre de proporciones épicas. «¡Detengan todo incremento en la producción! —escribió el vendedor—. ¡Aquí nadie usa zapatos!».

Jones hizo una pausa.

—Al mismo tiempo, el otro vendedor también estaba redactando un telegrama para su jefe. «Envíen más vendedores —escribió—, y pongan a la fábrica a producir veinticuatro horas diarias. Nos hemos sacado la lotería. ¡Aquí nadie usa zapatos!».

El anciano inclinó la cabeza, esperando ver si Mary Chandler entendió el punto de la historia.

—Así que estás afirmando que hay algo que no veo —declaró con prudencia—. Dímelo, por favor.

—¿No entiendes la realidad de lo que se conoce como el efecto mariposa? —inquirió él.

—Sí —contestó ella frunciendo el ceño—. Creo que sí. La realidad sería que las acciones de una persona son similares al batir de alas de una mariposa o de una onda en una laguna. Sus acciones siempre afectan la vida de alguien más, quien a su vez afecta la vida de alguien más, y así sucesivamente. La acción inicial continúa hasta afectar a generaciones futuras, ¿correcto?

—Sí, así es —asintió Jones, y luego entrecerró los ojos—, Mary Chandler... te considero una persona maravillosa. Eres una esposa, madre, mentora y amiga valiosa. ¿Usas, o quizás deba preguntarte *usaste*, alguna vez algo que tu madre te enseñara?

—¿Qué clase de pregunta es esa? —respondió Mary—. ¡Por supuesto que sí! Y aún lo hago. Cada día. Uso y transmito las lecciones que mi madre me enseñó acerca de la vida. ¡Todos los días!

—¿Cuándo concluiste que habías aprendido suficiente?

—No estoy segura de entender —expresó Mary Chandler mirando a Jones.

—Voy a ponerlo de otra manera —expuso él—. Cuando concluiste que la vida de tu madre no tenía propósito, decidiste perder las lecciones que ella aún tenía que enseñarte.

—Jones. Déja*me* decirte *esto* de nuevo: ella no puede entender nada. *Nada*, ¿está claro? ¡Mi madre no puede entender nada!

—Sí —replicó el anciano—. Estoy comenzando a creer que el estado es prevalente en tu familia.

Cuando el significado de ese comentario sobrevoló sobre la cabeza de Mary Chandler, él continuó.

—Lo explicaré de este modo: como ya he dicho, eres una mujer increíble. Juntos tú y Jack han obtenido grandes logros. Han ayudado a muchas personas. Hasta la fecha los efectos de tus alas de mariposa en las vidas de otras personas son muchos, perdurables y continuos. Pero hay más por hacer. Mucho más...

»Como puedes ver, querida, hay un futuro que yace por delante de todo hombre y toda mujer. Nuestras decisiones actuales, esta semana, este mes, este año, son muy difíciles. Una vez tomadas, sus efectos nunca desaparecen. Al contrario, esas decisiones respecto a lo que pensamos y hacemos constituyen una presencia constante. Cada pensamiento y cada acción es una decisión, e incluso ahora las decisiones que has tomado hasta aquí en tu vida están cambiando y combinándose a fin de crear lo que realmente eres. Por tanto, la simple lógica afirma que al poner cuidadosa atención a nuestras decisiones desde este momento en adelante, podemos crear un futuro que elegimos en vez de un futuro que "ocurre".

»En tu caso, Mary Chandler Bailey, eres un ser humano muy realizado. No obstante, si anhelas aumentar tu influencia para lo bueno, si deseas opciones financieras más fabulosas a fin de ayudar y dar más, si en realidad quieres crear huracanes de oportunidad para otros con *tus* alas de mariposa, debes convertirte en la clase de persona que puede lograr esos objetivos».

Mary Chandler escuchaba atentamente. Jones estaba a punto de cerrar el círculo en su narración, y la verdad que esto encerraba sorprendería a la mujer. Durante mucho tiempo después ella se preguntaría cómo pudo haber desperdiciado tanto tiempo y energía debido a aquello a lo que se refería como su «condición ocular». «Nunca sabré cuánto he perdido —le gustaba decir a la gente—. Yo estaba ciega como un murciélago, caminando por ahí todo el día, cada día, sin sospechar que no podía ver cosas que estaban exactamente frente a mí».

—Asombrosamente —declaró finalmente Jones—, las mismas cosas que debes dominar para convertirte en la persona que debes llegar a ser, a fin de lograr lo que yace por delante, te las está enseñando tu madre ahora mismo, pero no estás poniendo atención.

»Por ejemplo, a fin de cumplir el propósito de tu propia vida debes aprender a tener mayor paciencia y exhibirla en público y privado. Debes poseer un espíritu superior de gratitud, y demostrar eficazmente mayor aprecio por otros para los propósitos que *ellos* están cumpliendo. Debes aprender a perdonar cuando otros no te corresponden. También debes aprender a aceptar el perdón cuando se te ofrece, y reconocer que a veces el ofrecimiento no está verbalizado, sino que se halla expresado en una acción o desde el espíritu de alguien.

»Tu madre, Mary Chandler, te está enseñando esas cosas ahora mismo. Hoy día ella está siendo usada para un propósito poderoso que un día tocará a decenas de miles de vidas a través de la vida de su hija... tú. Aún eres su niña pequeña, y ella aún te ama más que a nadie. Tu madre ya no piensa en la misma manera que tú. Pero su alma, ese espíritu que tu madre fue, *todavía* es tu madre».

Mary Chandler había comenzado a llorar. El anciano se arrodilló en el pórtico y le agarró la mano.

—¿Mary C? —le dijo sonriendo tiernamente, haciendo que ella levantara la mirada, sorprendida—. ¿Recuerdas cuántas veces te llamó así cuando aún eras una chiquilla? ¿Recuerdas cómo eso te hizo reír? Hace años, en una conversación con Jack y yo mencionaste una canción que ella solía entonarte cada noche cuando te acostaba. ¿La recuerdas?

Con tonalidad perfecta, pero con timbre vacilante, Jones se puso a cantar. Mientras las lágrimas fluían libremente, Mary Chandler sostenía las manos del anciano entre las suyas y presionaba la cabeza contra el hombro de él a medida que la voz la limpiaba con recuerdos de la infancia.

> *Silencio, mi amor. Cierra los ojos.*
> *Casi es hora de decir buenas noches.*
> *No más preocupaciones, el trabajo está hecho.*
> *Dulces sueños ahora hasta el sol de mañana.*

Jones levantó el hombro, retirándolo suavemente, haciendo que Mary Chandler levantara la cabeza. Mientras ella miraba a los ojos del hombre, él le apretó las manos.

—¿Recuerdas el resto? —inquirió, y ella asintió—. Canta conmigo, y mañana ve y abraza a tu dulce madre... y cántale la canción.

Una vez más el anciano se puso a cantar la conocida melodía, y con lágrimas que seguían bajándole por las mejillas, Mary Chandler unió su voz con la de él. Este fue un momento que marcó el inicio de lo que para ella se convertiría en un nivel extendido de investigación, aprendizaje y comprensión. Y habría un propósito renovado, con dirección y trayectoria en la propia vida de Mary Chandler, que ella nunca había esperado... o que ni siquiera había sabido que fuera posible.

> *Silencio, mi amor. Cierra los ojos.*
> *Ya es hora de decir buenas noches.*
> *La luz del día se desvanece, da descanso a tus huesos.*
> *No tengas miedo, porque no estás sola.*

La mujer sostuvo firmemente las manos del anciano hasta que él se puso de pie.

—Gracias. No sé por qué nunca antes vi eso —expresó ella apretándole las manos y después soltándoselas.

Jones sonrió y encogió los hombros.

—Bueno, ahora lo sabes —dijo él, volviendo a encoger los hombros—. Es una condición antigua, una historia común. Yo estaba ciego, pero ahora veo. La perspectiva cambia todo.

Entonces él señaló hacia el extremo vacío del sofá.

—Parece que hay mucho espacio en el cual estirarse —concluyó—. ¿Por qué no descansas un poco? Estoy seguro de que Jack vendrá pronto.

De repente Mary Chandler *sintió* cansancio. Es más, estaba más agotada de lo que podía recordar haber estado. Con la sola sugerencia, poco a poco se recostó, teniendo apenas energía para levantar los pies. Más tarde no recordaría ni siquiera si se había despedido. Solo recordaba el canto de su madre. Jones le había puesto la mano en la cabeza mientras él suavemente volvió a cantar, y para cuando Jack la despertó para entrar a la casa, el anciano se había ido.

Trece

E ra la mañana del jueves después de haber visto al anciano en el Grand Hotel, y conduje hasta Fairhope para encontrarlo. Yo sabía que lo vería en la próxima clase de crianza de hijos, pero debía verlo más pronto. Yo no estaba actuando bien. Es más, esas fueron las palabras exactas que Polly había usado esa misma mañana. «Tú —había declarado mi esposa con un dedo señalado en dirección a mí—, no estás actuando bien».

Era verdad. Así era, y no necesitaba que me diagnosticaran esa realidad. El libro que no se estaba escribiendo pesaba sobre mis días y se burlaba de mí con sueños en la noche. Por alguna razón no me podía imaginar una buena historia. Matt seguía teniendo paciencia y buen humor, al menos frente a mí, y yo estaba agradecido por su lealtad; pero en privado yo había pasado de la alarma al miedo. Parecía que ahora había llegado al nivel de disgusto; y aunque todo estaba dirigido hacia mí, mis seres más queridos soportaban de mi parte un grado de mal humor que no merecían.

Después de recorrer los jardines del Grand Hotel, de atravesar el centro de deportes acuáticos, y de registrar el centro de Fairhope, finalmente divisé a Jones subiendo por la colina del muelle de la ciudad. Estacioné rápidamente, fui tras él y corrí para alcanzarlo. El anciano me esperó en la cima de la que era la colina más alta que yo podía recordar.

Ya me encontraba de mal humor, y subir al monte Kilimanjaro tras un hombre que seguía caminando mientras yo luchaba por escalar tras él, no suavizó mi irritación. Por suerte para él (y quizás para mí) no pude hablar por varios minutos. La falta de oxígeno en esa altura prolongó mi período de asimilación, lo que tal vez era algo bueno. Para cuando pude respirar y hablar, había olvidado por qué estaba molesto en primer lugar.

—Te he buscado por todas partes —fue lo primero que dije.

—No he estado por todas partes —replicó Jones—. Solo he estado por aquí y por allá.

—¿Sabes? —expresé—, cuando estás *fuera* del área no sé dónde estás. Y cuando estás *en* el área, tampoco sé dónde estás. Por supuesto, podrías estar *en* el área, pero debido a que no sé *cuándo* estarás o *si* te volveré a ver, en realidad no importa que estés. Que estés *en* el área, quise decir. Así que también podrías, al menos en cuanto a mí, estar fuera del área.

—Fascinante —manifestó el anciano asintiendo seriamente—. ¿Escribirías eso para mí? Me gustaría llevárselo a un loco para que lo traduzca.

Después de reírse de mí respecto a lo que le dije, el hombre se dirigió hacia la sombra en un jardín cercano y se sentó en el suelo, haciéndome un gesto para que me le uniera.

—Estás preocupado respecto al libro, ¿verdad?

—Sí señor.

—¿Ninguna historia fantástica? —inquirió—. ¿Nada de espías? ¿Nada de héroes de guerra? ¿Nada de personas viajando a través del tiempo?

Moví la cabeza de un lado al otro.

—Hm... —balbuceó Jones poniendo las manos detrás de la cabeza y tendiéndose en el suelo—. ¿Qué tal un ladrón de tumbas? Usaste uno en *La oportunidad perdida*.

—No —objeté—. Estoy pensando que un «ladrón de tumbas» no es una opción de personaje que se deba sacar a relucir en más de un libro.

—Tal vez tengas razón —asintió él al parecer después de

considerar la idea—. Está bien, nada de ladrones de tumbas. Parece que estás seriamente atascado.

—Gracias por el ánimo.

—«Seriamente atascado» no es algo tan malo.

—¿De veras? —cuestioné con ironía.

—De veras —respondió Jones—. «Seriamente atascado» provee una oportunidad definida con claridad. Cuando estás seriamente atascado existe una obvia oportunidad que debes tomar. Puedes tomar una de dos decisiones. Puedes desistir o puedes abrirte paso hacia nuevo nivel de conciencia y logro. Así es. Toma tu decisión.

Sonrió satisfecho y cerró los ojos.

Esperé para ver si el anciano seguía hablando.

—Cuando dices algo como eso, parece muy sencillo —declaré meneando la cabeza al ver que él no decía nada.

Jones no abrió los ojos. Es más, añadió un bostezo a su postura de sueño.

—Es sencillo —respondió—. No necesariamente fácil, pero es sencillo.

Entonces hizo una pausa.

—Y «seriamente atascado» tiene otro beneficio —continuó—. Esa condición es una de las pocas que permite el tiempo necesario para examinar de cerca aquello que nos rodea. La respuesta que buscamos cuando estamos seriamente atascados no está muy lejos.

Abrió un ojo para ver si yo estaba escuchando. Satisfecho de que yo estuviera atento, lo cerró y se instaló en una posición más cómoda.

—Bien, creo que he buscado de cerca una historia —expuse—, pero francamente no hay nada por aquí, sino un lugar normal con personas normales haciendo cosas normales.

—¿Qué hay de malo con eso? —preguntó el anciano.

—Lo normal es demasiado común —intenté explicar—. Lo normal es normal. A la gente se le debe entretener.

—¿Estás tratando de ayudar a las personas a cambiar sus vidas o de entretenerlas?

—Ambas cosas, creo. Si los libros no entretienen hasta cierto punto —razoné—, tal vez las personas no se queden el tiempo suficiente para recibir ayuda.

—En eso tienes razón —expresó él—. Sin embargo, a veces la vida real puede ser directamente entretenida. Ten eso en cuenta.

—Lo haré —prometí.

—¿Me puedes llevar? —preguntó Jones poniéndose de pie.

—Por supuesto —contesté—. ¿A dónde?

—Simplemente ve a buscar el auto —pidió—. Baker Larson debe estar pronto en el pueblo. Vamos a verlo.

Me las arreglé para bajar la colina sin lastimarme, y estaba de regreso cuando vi a un individuo que resultó ser Baker Larson atravesando el jardín frontal en que acabábamos de estar sentados, para estrechar la mano de Jones y darle un abrazo. Volví a estacionar, esta vez cerca, y fui a unírmeles.

Jones nos presentó a Baker y a mí, y me dio una breve reseña de su primer encuentro. Baker llenó algunos espacios sobre su situación actual, incluso las finanzas, y pronto los tres estábamos sentados en la sombra, justo donde el anciano y yo estuviéramos antes. Hablamos del calor y la pesca. Analizamos ideas para una casa de árbol en el roble que estaba encima de nosotros, y examinamos detenidamente el cuerpo de lanzadores de los Bravos de Atlanta antes de que Jones cambiara el tema de manera abrupta.

—Baker —dijo—, estás tratando de recuperarte, ¿correcto?

—Sí señor. Eso mismo —contestó el hombre más joven.

—¿Cuál es entonces el mayor obstáculo para comenzar esa recuperación de inmediato?

—Eso es fácil —respondió Baker—. Mi crédito está liquidado.

Vaya, vaya —pensé, volteando a ver la reacción de Jones—. *Él no debió haber dicho eso...*

—Mira, Baker...

—¿Señor?

—Léeme la mente —pidió Jones abriendo exageradamente los ojos hacia el hombre más joven.

Baker estaba sorprendido pero tenía bastante experiencia con el viejo para seguirle la corriente.

—Ah, está bien... —expresó, enfocando la mirada en Jones; a los pocos segundos renunció—. Ah bien, no puedo hacerlo. Por tanto, dígame... ¿qué está pensando usted?

—Qué simpático —contestó Jones después de mirarme y silbar—. Diste exactamente en el clavo. Es más, esas fueron mis mismas palabras. ¿Qué estás pensando?

—No lo capto —expresó Baker con el ceño fruncido.

—Eso es exactamente correcto —replicó el anciano riendo—. Te me estás adelantando, pero eso está bien. Dilo de nuevo.

—No lo capto —repitió Baker levantando las mano en confusión.

—Perfecto —arremetió de nuevo Jones de manera juguetona—. En este caso particular no lo captas.

Antes de que el hombre más joven pudiera ofenderse, el anciano continuó.

—Mira, solo estoy bromeando, pero para comenzar tu recuperación, sin bromas de ninguna clase, debes poner patas... arriba la mayor parte de lo que piensas... ¿Me oyes?

—Le oigo —replicó Baker asintiendo a regañadientes—. Usted no cree todo lo que piensa, ¿verdad?

—Así es. Me alegra que recuerdes. ¿Qué pasó con la doctrina secreta de logro extraordinario... mi pequeña charla acerca de no ser como todos los demás?

—La entendí —manifestó Baker—. Me la he repetido mucho.

—Buen hombre —asintió Jones—. Ese podría sencillamente ser el mejor consejo que hayas oído. Cubre mucho terreno. Así que ten presente esto...

El anciano estaba cara a cara con el hombre más joven.

—Si *no* quieres una vida mediocre debes cuidarte de las conclusiones hechas por medio del pensamiento convencional, y sospechar mucho de ellas.

—¿Como qué?

—Como tu crédito inexistente en el momento actual —respondió Jones—. El pensamiento convencional afirma que eso es algo malo.

—¿Y está usted a punto de decirme que es algo bueno? —objetó escépticamente Baker.

—Depende —replicó el anciano—. ¿Quieres una vida mediocre o una vida extraordinaria?

Baker no contestó. Simplemente miró al viejo.

—Hijo —continuó Jones, desplazándose para acercarse—. Tienes que responder esa pregunta por ti mismo. ¿Vida mediocre... o vida extraordinaria? *Realmente tienes que elegir.* Sé dónde estás ahora mismo. No trates de ocultar tu pensamiento. Examínalo. Ahora mismo no quieres elegir nada. No deseas decir nada. Imaginas que si contestas «mediocre», entonces eres un perdedor por conformarte con menos que lo mejor para tu familia. Por otra parte, sabes que si levantas la voz y declaras: «Quiero una vida extraordinaria», te comprometes a hacer algo diferente y a *ser* algo diferente, y eso será difícil. Pero debes *elegir.*

Jones hizo un gesto hacia mí.

—Hace más de treinta años tuve prácticamente la misma conversación con él. Y su situación de entonces te hace parecer un rey.

Baker me miró con mayor interés.

—Le dije a Andy lo mismo que tú debes entender ahora... que si no elige terminará como todos los demás en el mundo que nunca eligieron. Las personas que no eligen activamente una carretera para viajar recurren siempre a la carretera en la que ya están todos los demás. Recurren a lo «común».

Una pausa.

—¿Así que quieres ser diferente, Baker? Entonces elige. La mayoría de las personas no lo hacen. No lo *harán.* Es más, la mayoría saldría ahora ofendida porque alguien se atreve a hablarles de este modo. La mayoría de individuos en tu lugar tal vez me golpee, me grite o me maldiga.

»No obstante, ¿sabes qué? No creo que seas como "la mayoría de personas". Creo que por tus venas fluye algo "extraordinario". Simplemente nunca has sabido qué hacer al respecto. Bueno... estoy listo y dispuesto a guiarte o ayudarte en cualquier forma que pueda, al menos por un tiempo. Pero primero debes elegir».

Jones se volvió a apoyar en los codos, con las piernas estiradas frente al hombre más joven, pero siguió observándolo con cuidado.

Baker hizo una pausa por un momento antes de empezar a asentir.

—Usted tiene razón —expresó mirando al anciano a los ojos—. Tiene razón acerca de todo eso. Y en cuanto a mí. Estoy asustado. Es más, no sé si alguna vez he estado tan asustado. Pero quizás también eso sea algo bueno. Incluso cuando era un niño pequeño siempre luché mejor cuando estaba asustado para que los chicos grandes me escogieran.

»Estoy cansado de hacer las cosas a medias. Y francamente, estoy cansado de estar asustado. Con sinceridad, ahora mismo ni siquiera sé qué se supone que deba hacer para vivir, pero he cavilado en lo que usted me dijo después de la iglesia la semana pasada... especialmente todo eso acerca de establecer normas según los resultados que desee lograr. Está bien entonces, más tarde imaginaré el *cómo*, pero ahora estoy muy seguro respecto a los resultados que quiero para mi familia. Está bien. Estoy listo para aprender y moverme. Así que si usted quiere, anóteme para una vida *extraordinaria*».

—Hecho —dijo Jones—. Considérate en la lista.

Volviéndose hacia la casa antigua detrás de nosotros, el anciano gesticuló hacia ella.

—Tengo que estar allí dentro de un rato. Casi es mediodía.

Miré la casa y me pregunté acerca de la cita de Jones. ¿Qué podría ser? También me pregunté cómo se había conectado con Baker. Después de un desvío mental de la conversación, volví a enfocarme.

—Sé que no tenemos mucho tiempo —estaba diciendo Jones a Baker—, pero hay algunas cosas rápidas que quiero expresarte. Estás decidido a pensar de manera distinta a fin de lograr resultados diferentes, ¿verdad?

Baker asintió con la cabeza.

—Muy bien... en cuanto a lo del crédito. ¿Sería extraordinaria una vida sin deudas de ninguna clase?

—Ah... sí —masculló Baker, tratando de no mostrar su duda

acerca de esa posibilidad tan poco tiempo después que le dijera a Jones que deseaba una vida extraordinaria.

—Bien, estoy de acuerdo —declaró el anciano—. Pregunta: si la semana pasada tu crédito hubiera sido bueno, ¿habrías adquirido un préstamo? ¿Para alguna cosa?

—Probablemente —admitió Baker.

—Sí —volvió a concordar el anciano—. La mayoría de las personas lo habría hecho si estuviera en tu situación. Desde luego, si lo hubieras hecho habrías vuelto a estar inmediatamente endeudado. En esencia, te habrías alejado en la dirección opuesta la vida tras la cual acabas de elegir que irás. Míralo desde esta perspectiva: una situación que parece algo malo para la mayoría de las personas, no poder conseguir un préstamo, es ahora algo bueno si puedes llegar a pensar de modo distinto.

Baker asintió con la cabeza mientras el anciano continuaba.

—Hijo, acabas de declarar que una vida sin deudas sería extraordinaria. Una vida extraordinaria es un destino. A fin de llegar a ese destino elegido en algún momento futuro, es básico que elijas el sendero correcto para *comenzar* ese viaje. Existen muchas sendas de las cuales elegir, pero solo una te llevará al destino que deseas. Esta es una paradoja eterna. La manera en que pensemos determina con cuánta sabiduría elegimos, pero al mismo tiempo podemos elegir cómo pensar.

Jones se puso de pie y le indicó a Baker que se le uniera. Yo también me paré y seguí la dirección del escuálido dedo del anciano. Estaba indicando un enorme barco a varios kilómetros de distancia en la bahía. Fácilmente se lo divisaba desde nuestra colina. El punto elevado ofrecía una vista perfecta.

—Ese es un buque portacontenedores que sale del puerto de Mobile —comunicó Jones—. ¿A dónde crees que va?

—No lo sé —contestó Baker—. Imagino que podría ir a cualquier parte.

—Sí, podría ser a cualquier parte —convino el viejo—. Sin embargo, te diré que... apuesto a que el capitán sabe exactamente a dónde va.

Baker asintió y sonrió a lo que parecía un comentario casual, una broma. Pero no se trataba de una broma, como Jones estaba a punto de aclarar.

—Mira —manifestó—, antes de que ese barco saliera del puerto, el capitán sabía sin ninguna duda exactamente a dónde se estaba dirigiendo. Pero para tener alguna esperanza de llegar a ese destino, fue necesario que tomara una decisión específica antes de alejarse del muelle. Debió contestar una simple pregunta: ¿en qué dirección nos dirigimos?

»Hay rutas de navegación hacia el oriente, occidente, norte y sur, y hacia cada variación de esas cuatro direcciones que entrecruzan el mundo. Pero digamos que el capitán de ese buque desea llegar a Sídney, Australia, sin retraso. Bueno, desde Mobile, Alabama, solo hay una opción. Y con todas las variables de clima, conflictos con el extranjero, combustible y acuerdos de entrega, él debía tomar una sabia decisión, y debió tomarla antes de que el viaje comenzara.

»Baker, estás en el inicio de tu viaje hacia un destino digno que *tú* debes elegir. Debes ubicarte ahora en el sendero correcto hacia ese lugar. ¿Cómo elegirás pensar al principio de tu viaje?

»¿Elegirás pensar: "Vaya, mi situación es horrible; ni siquiera puedo obtener un préstamo?". O tu perspectiva podría ser: "Sabiendo que prefiero llevar una vida extraordinaria más temprano que tarde, elijo estar agradecido por mi actual situación. Por suerte mi actual situación es aquella en que puedo aprender disciplina y capacitarme para vivir de tal manera que me preparará para el mismo futuro que he escogido".

»Si puedes ver esta situación en esta forma correcta, entenderás que se te ha dado la primacía de una ventaja inicial. Estás posicionado favorablemente en un juego que se debe ganar antes de recibir el premio de una vida extraordinaria.

»La mayoría de las personas jugará mientras batalla constantemente contra la tentación de las deudas y del camino fácil que parece ofrecerse al inicio del viaje. Pero tú, amigo mío, no tendrás que participar en esa lucha».

Jones sonrió y pinchó ligeramente a Baker en el hombro.

—Considérate bendecido, jovencito. ¡No podrías conseguir un préstamo si tuvieras que hacerlo!

Rieron un poco mientras Baker se sentía cómodo con la idea de un nuevo proceso de pensamiento. Estaba emocionado a pesar del hecho de que se sentía extraño haciendo un viraje de ciento ochenta grados en algunas cosas que toda la vida había supuesto que eran ciertas. O tal vez el cambio de dirección era la misma razón para estar emocionado. *Después de todo* —pensó—, *el camino que elegí años atrás sin duda no terminó bien.*

—Cuando aprendes a vivir en disciplina económica —agregó Jones—, puedes vivir como alguien que guía a otros hacia el conocimiento de cómo navegar por sobre los mares agitados creados por condiciones económicas o por la salud de un miembro de la familia...

—O por el clima —añadió Baker.

—O por el clima —repitió el anciano antes de acercarse más al tronco del enorme roble—. Vengan acá, ustedes dos.

Por supuesto que se refería a nosotros, e hicimos como pedía. La experiencia le había enseñado que cambiar de ubicación en medio de un tiempo de aprendizaje cimentaría a menudo la lección en la mente de un estudiante. Incluso a menudo era suficiente un pequeño movimiento.

—Mis viejos huesos no pueden permanecer en un lugar por mucho tiempo. Este es un árbol enorme, ¿verdad?

Entonces palmeó el grueso tronco, y estuvimos de acuerdo.

—Amigos —continuó—, he aquí una palabra para recordar: *valor*. Es un concepto no entendido con frecuencia. La mayoría de las personas equiparan valor con dinero, y el dinero claro que tiene valor. Pero el valor mayor, el más importante, es el valor que ustedes crean con su vida y con cómo la utilizan para otros. He aquí un buen ejemplo. Baker, sé que estás curioso en cuanto a Jack Bailey. Cuando conocí a Jack...

Jones hizo una pausa y me miró.

—Conocí a Jack poco después de conocer a Andy. Jack era muy parecido a ti ahora, Baker, en que apenas estaba comenzando a crear la vida que hoy día disfruta. Tú lo ves como alguien rico, y sin duda entiendo la razón, pero los Bailey, y la gente como ellos a la que *más* admiro, no obtienen su sentido de identidad de las cosas que poseen. Su valor está en quiénes se han convertido ellos. Pero entiende esto: aquello en que *se han convertido*, su reputación personal y comercial, se ha conformado en gran manera por la manera en que crearon valor en otros. Y esas personas pueden hacer aun más por otros con las cosas que tienen.

»Baker, el hombre en que te convertirás lo determinará el valor que brindes a otros... las personas que conozcas en el camino hacia aquello en que te estás convirtiendo. Grande o pequeño, tu legado será juzgado un día por la calidad y la cantidad de valor que pudiste contribuir en las vidas de otras personas.

»Por consiguiente, debes trabajar duro en ti mismo para llegar a ser más valioso. No *para* ti, por supuesto, o como un ejercicio del ego, sino en que un día podrías hallar suficiente valor a fin de poseer el poder de guiar a otros hacia un entendimiento del verdadero valor de sus propias vidas».

Con eso, Jones miró el sol y manifestó que debía irse. Rápidamente estrechó nuestras manos, subió los escalones de la antigua casa, abrió la puerta, y entró. Baker y yo nos miramos con las cejas arqueadas y reímos entre dientes mientras meneábamos la cabeza.

Nos quedamos y hablamos un rato acerca de nuestros orígenes y nuestras familias. Lo animé respecto a su actual situación y le conté un par de mis historias con Jones. Habían pasado cerca de quince minutos, y Baker estaba a punto de decir algo cuando miró el reloj.

—¡Oh, no! —exclamó—. Se me hizo tarde para ir por mi esposa.

Me estrechó la mano rápidamente.

—Fue un placer conocerte —añadió, y mientras se alejaba trotando dijo por sobre el hombro—. Espero verte pronto.

Me quedé allí debajo del árbol y lo observé mientras caminaba hacia el pueblo, rodeando finalmente una esquina varias manzanas adelante. Solo entonces me volví para mirar atentamente la casa a la que Jones entrara hace un rato. ¿Una cita? ¿Qué clase de cita tendría alguien en una casa, especialmente una tan vieja y en tan mal estado? Yo no estaba seguro, y ni siquiera aventuraría una conjetura. Me molestó no poder o no querer conjeturar, y me pregunté si mi imaginación había desaparecido por completo. Eso explicaría que no elaborara una historia para mi libro.

Además, reconocí que evidentemente había desarrollado un grado de orgullo extraño en el hecho de que Jones me hubiera ayudado hacía tantos años. Él me había encontrado. *Me* había elegido. Y me había ido bien. Ahora, de repente, ¿descubría que el anciano también ayudó a Jack Bailey? ¡Vaya! Jack Bailey era grande. Acaudalado, influyente... por lo que yo podía ver, el hombre había hecho mucho más que «bien». Yo lo había visto en un par de ocasiones, y no había duda de que Jack Bailey era un individuo tan grandioso como alguien a quien cualquiera quisiera conocer alguna vez. ¿Por qué entonces me sentía tan desinflado?

Caminé de regreso al auto y anuncié oficialmente mi depresión a mí mismo. Además, y de algún modo esto era aterrador, por primera vez Jones me había dado un consejo horrible. Terrible, inútil y ridículo consejo. ¿Escribir un libro y estructurar todo el asunto alrededor de una historia de la vida normal, aburrida y cotidiana? Sí, así era.

Con eso en mente di media vuelta y regresé hacia la casa vieja. No estaba seguro por qué... Tal vez necesitaba otra conversación con Jones. Quizás yo esperaba que él me diera una respuesta específica con relación a mi libro. Sin embargo, cualquiera que fuera la razón, estaba extrañamente obligado a ver a Jones.

En ese mismo instante.

Catorce

Subí las escaleras y, al no ver un timbre, simplemente toqué. Un anciano, no el que yo estaba buscando, vino a la puerta, la abrió cerca de treinta centímetros, y miró. Antes de que yo pudiera articular una palabra, frunció profundamente el ceño y comenzó a cerrar la puerta.

De pronto oí la voz conocida de mi amigo.

—¿Andy?

Él me llamaba desde la parte trasera de la casa, apenas oyéndome cerca del hombre que me estaba cerrando la puerta en el rostro.

—¡Hola, Jones! —exclamé, medio gritando al interior de la abertura cada vez más estrecha.

El hombre dejó de empujar la puerta, pero me miró con lo que supuse era su expresión más desagradable. Me quedé allí, y así lo hizo él. Nada sucedió por varios segundos, pero entonces mi viejo amigo apareció a la vista y avanzaba por detrás del hombre.

—Está bien —le dijo Jones, y lentamente el otro anciano abrió totalmente la puerta y se hizo a un lado.

A una señal de mi amigo, di un paso al interior de la antigua casa, manteniendo la mirada en el tipo que parecía como si quisiera hacerme pedazos.

Jones se volvió con un movimiento de cabeza, indicando que yo debería seguir. Comencé a hacer precisamente eso, pero el hombre en la puerta todavía me miraba tan enojado como yo nunca había visto que alguien estuviera.

—Espere —dijo el hombre, así que me detuve y esperé, aunque yo no tenía idea por qué.

Pasaron quince segundos, luego veinte. Cuando imaginé el marco de treinta segundos, Jones volvió a entrar a la sala. Se detuvo, me miró, y pareció evaluar la situación antes de volverse hacia el hombre.

—Sí, Darrel —expresó—. Es él. Ven ahora.

Jones desapareció otra vez. No me moví porque el hombre no se había movido. Mi mente estaba acelerada. No tenía idea de en qué me había metido.

—¿Es usted? —preguntó cuando al fin habló.

Mi instinto de auto conservación me instaba a gritar: «¡No, no soy yo!», y a huir tan rápido como pudiera de esta casa que por el momento se estaba volviendo más maniática. En vez de eso, tranquilamente puse en mi aterrador anfitrión el peso de mi carga.

—¿Es qué? —inquirí.

—¿Es usted el escritor? —clarificó—. ¿El que escribe las historias?

—Sí señor —respondí, imaginando que eso debió haber sido lo que Jones le acababa de confirmar—. Sí señor. Creo que ese soy yo.

Una vez más esperé mientras él me miraba. Por fin asintió lentamente, y apaciguó un poco el ceño.

—Usted siempre le gustó a ella —comentó, y una lágrima le bajó por la vieja mejilla, y sin hacer ningún esfuerzo por enjugarla se fue hacia la puerta por la que yo había visto desaparecer a Jones, pasando a mi lado—. Por favor...

Lo seguí por un corto pasillo en que había fotografías tan viejas como la casa, y al interior de un diminuto cuarto. Jones estaba en una silla en el rincón. Pude verlo más allá del hombro del hombre aunque el resto del cuarto seguía bloqueado de mi vista. Jones sonreía como si viéramos niños navegando en embarcaciones caseras en un parque. No obstante, el hombre, Darrel o cualquiera que fuera su nombre, gimió suavemente cuando entró al cuarto y se puso de rodillas en ese mismo instante.

Me detuve inmediatamente y me quedé donde estaba. Darrel se hallaba a menos de metro y medio, de rodillas con la espalda hacia mí. Jones permanecía en la silla del rincón mirando en dirección a mí. Entre los dos hombres había una cama, y en ella una anciana acostada tranquilamente con los ojos cerrados.

Por alguna razón, con el primer atisbo de la escena delante de mí pensé en la historia que todos oímos de niños. Vi al héroe. Valiente y persistente, el príncipe estaba exactamente frente a mí, de rodillas al lado de la mujer que para él era la más preciosa que alguna vez fuera creada. Y ahora, aún tan enamorado después de todos estos años, el príncipe (con cada fibra de su ser) estaba deseando que su bella durmiente despertara... que despertara inmediatamente y juntos dejaran este lugar a fin de poder vivir felices para siempre.

Pero este no era un cuento de hadas. Darrel era viejo, sí, pero también estaba físicamente desgastado. Yo le había visto eso en los ojos, en la piel, y en la forma en que se movía. Y la mujer, así de simple, estaba agonizando. Logré ver que aún estaba viva por el momento, pero el cuarto olía a muerte. ¿Qué estaba haciendo Jones aquí? ¿Qué estaba haciendo yo aquí?

Darrel levantó la mirada a través de la cama y la fijó en Jones. Yo no le podía ver el rostro, pero pude sentirle la ira.

—Sigues viniendo —declaró.

—Sí —contestó Jones sonriendo y asintiendo con la cabeza.

—Aunque yo te haya maldecido. Aunque no te haya pedido ayuda, sigues viniendo —oí que Darrel decía, y luego vino una pregunta—. ¿Qué quieres de mí?

—Nunca he querido nada de ti, Darrel —respondió Jones inclinando la cabeza—. Pero ha habido mucho que he querido *para* ti.

—Siempre le gustaste a ella —expresó mirando a la mujer con una leve inclinación de cabeza.

—Ella ha sido una maravillosa esposa para ti —replicó Jones.

—Ahora todo ha acabado —dijo Darrel, sollozando.

Yo escuchaba atentamente, observando todo. Cuando el hombre arrodillado frente a mí dijo que todo había acabado, vi que los ojos de Jones se entrecerraban un poco.

—¿Por qué creerías eso, Darrel? —le preguntó.

—¡Porque ella está muriendo! —bramó—. Pronto se habrá ido. ¡Se habrá Ido! ¡Y estará muerta!

Me había sobresaltado cuando el hombre gritó, pero ahora me estaba asustando de veras. Esto se estaba saliendo de control. Me hallaba a punto de retroceder del cuarto cuando Jones se paró, se extendió a través de la mujer, y tocó a Darrel en el brazo. Este miró a mi viejo amigo y al instante se calmó, se tranquilizó. Qué extraño.

—¿Te gustaría saber la verdad, Darrel? —inquirió Jones mirando a la mujer, pero hablándole al hombre—. ¿Te gustaría saber lo que ella está experimentando... lo que en realidad está ocurriendo ahora?

—No sé si quiero o no —contestó él con voz temblorosa.

Bueno —pensé—, *esa es una respuesta tan sincera como nunca se oirá.*

—Creo que sí quieres saber —expresó Jones—. Necesitas saber.

Entonces miró hacia mí.

—Y quiero que tú también oigas esto. Quiero que escribas al respecto...

Asentí pero estaba inquieto. ¿De qué se trataba todo esto? En el pasado Jones casi no había reconocido que yo escribía. Nunca me había sugerido un tema. La única vez que le pedí consejo, no lo obtuve. ¿Y ahora tenía en realidad algo que *deseaba* que yo escribiera? ¿De qué podría tratarse? ¿Cuál era esa verdad?

De repente yo tampoco sabía si quería oír esto o no. Miré a la mujer sobre la cama, y vi a mi madre. No quiero decir que se le pareciera. La mujer frente a mí era mucho más vieja que mi madre, quien solo tenía cuarenta y dos años cuando murió. Pero el olor de la habitación y la rabia impotente allí adentro eran exactamente iguales. Muchas noches yo había permanecido despierto en el suelo de la alcoba de mi madre. Hora tras hora la escuché toser, pero no era su tos lo que me asustaba. No, me aterraba el silencio que yo sabía que vendría. Me aterraba el momento en que la tos se detuviera.

—Darrel —comenzó Jones—, tú crees que tu dulce esposa se encuentra al final, pero esa solo es una mentira que has creído. Puesto que *tu* temor ha crecido, crees que el temor *de ella* se ha vuelto mayor... lo cual es otra mentira. Crees que ella está experimentando algo malo que empeora hasta que ya no haya nada en absoluto. Esa también es una mentira.

»He aquí la verdad, Darrel. Ella no está al final. Está al principio. Su temor no ha aumentado, ha disminuido cada vez más hasta ahora; su temor ha desaparecido por completo. Y ella no está experimentando algo malo que empeora hasta que no haya nada en absoluto... está experimentando algo increíble que mejora, hasta que lo es todo».

Jones bajó la mirada hacia la mujer y le tocó ligeramente la cabeza.

—Antes de que esta mujer naciera, cuando estaba cálida y placentera en el vientre de su madre, pateaba y se retorcía, moviéndose de esta y esa manera. Luchó por meses. Llegó a estar incómoda. Añoraba más libertad y comenzó a sentir que el mundo en que habitaba no era donde definitivamente pertenecía. Ella no sabía que se hallaba al otro lado de su lucha, pero estaba lista para experimentar algo nuevo y maravilloso que ni en sus fantasías más absurdas podría describir. Darrel... ella se estaba alistando para respirar.

»Y cuando finalmente inhaló ese primer aliento, fue limpio, fresco y como nada que alguna vez hubiera sentido. Respiró una y otra vez... y todo alrededor de ella, seres amados y amigos, vitorearon celebrando alegremente su llegada».

Jones contempló de cerca el rostro de la mujer.

—Mírala ahora, Darrel —continuó—. Por muchos años esta querida hija estuvo feliz y contenta en *este* cuerpo. Pero ha batallado por mucho tiempo ahora. Ha llegado a sentirse incómoda. Ha comenzado a anhelar libertad del dolor de este cuerpo, y ha

sentido que el mundo que habita no es donde finalmente perte-
nece. Incluso ahora mismo no aprecia por completo la realidad
que la está esperando al otro lado de su lucha, pero ella se está
preparando para experimentar algo nuevo y maravilloso que ni en
sus fantasías más absurdas podría describir. Ahora mismo... en este
mismo instante... ella se está alistando para respirar.

»Y cuando inhale ese primer aliento, este será limpio, claro y
fresco, como nada que haya experimentado alguna vez. Respirará
otra vez, otra y otra, y todos a su alrededor, seres queridos, familiares y amigos, vitorearán celebrando con alegría su llegada.

»No temas por ti, Darrel. Un día puedes hacer el mismo viaje...
puedes unirte a ella si eliges hacerlo. Y no temas por ella. Ella está
bien. Recuerda... se está alistando para respirar».

Después de un momento de silencio Jones salió del cuarto, y
lo seguí, dejando a Darrel a solas con la mujer. Él aún estaba de
rodillas con la parte superior del cuerpo sobre la cama. Sostenía la
mano de su esposa, y dormía tranquilamente.

Él no había sentido tal serenidad en mucho tiempo. De algún
modo la mente de Darrel vagó fácilmente a través de los años mientras soñaba en el pasado que recordaba y en un futuro que nunca se
había permitido imaginar.

Quince

Sealy amaba a Baker, y ella estaba consciente de que su pensamiento y sus decisiones también estaban contribuyendo al lío en que se hallaban. *No* —se recordó—, *este no es un lío en que estamos. Es un lío del que estamos esforzándonos por salir.* Luego, Sealy se repitió las palabras que Jones le había sugerido que hiciera suyas: *decido pensar de modo diferente. Decido ver mi situación con perspectiva. Cuando encuentro perspectiva establezco poder sobre mis actuales circunstancias.*

Últimamente, casi cada noche ella y Baker habían hablado hasta quedarse dormidos, y uno de los temas constantes era acerca del pensamiento de ellos. Más de un par de veces, Sealy había oído a Jones analizar la manera en que las personas pensaban. Luego Baker había pasado todo un día con Jack Bailey, un hombre increíble a quien Jones planeó que Baker conociera. Este le había contado a su esposa que Jack Bailey también habló acerca de cómo piensa la gente.

Todas esas ideas eran nuevas para Baker y Sealy, pero ella tardó más tiempo en procesarlas. Sin embargo, la mujer estaba avanzando, y esto ya era determinante. Solo que todas las historias que Baker le había contado últimamente parecían tan fantásticas... especialmente la que tenía que ver con Jones en el campo el primer día. Quizás *irreales* sería una mejor palabra para las historias, pensó ella. Sin embargo, él ya era una nueva persona, lleno de esperanza e ideas, y Sealy estaba agradecida por eso.

Tal vez las increíbles historias y su frecuencia reciente habían cobrado su precio, pero cualquiera que fuera la razón, ella rió en la cara de Baker cuando él le dijo que había peces de colores de cinco libras en el estanque del Grand Hotel. «Ah, Baker, déjame en paz», le había dicho poniendo los ojos en blanco.

Minutos después, cuando casi pierde el zapato en medio de barro pegajoso, Sealy habría dado cualquier cosa por retractarse de esas palabras. Quizás los ojos en blanco fue lo que la había colocado en esta posición. ¡*Uf!* —pensó—. *¿Por qué no dije algo como:* «*¡Cinco libras! ¡Caray!?*».

No era que a ella le gustara ver peces de colores; la exasperación de Sealy consigo misma era que debió haberlo sabido. Todas las mujeres lo saben. La situación en que ella se encontró treinta segundos después de salir del auto pudo haberse evitado porque todo estaba envuelto en la defensiva natural que Baker poseía como hombre. El hecho de que él fuera un hombre típico significaba que, por supuesto, lo ofendía *inmensamente* que se pusiera la más mínima sombra de incertidumbre en lo que él decía. Y cualquiera podía triplicar la reacción si resultaba que la pobre esposa del hombre fuera la que inocentemente expresara la duda.

Aquel comentario casual había llevado a Baker a insistir en que sin demora, ella caminara alrededor del estanque con él hasta que divisara al monstruo escapado del acuario de algún chiquillo. Fue en el tercer viaje alrededor del lugar que él (¡gracias a Dios!) finalmente lo había visto, y Sealy había exclamado: «¡Sí! ¡Caray! ¡Tenías razón! ¡Es increíble!», todo el tiempo sabiendo muy bien que ella habría reportado haber visto la criatura de la laguna negra si eso significara no haber tenido que rodear el estanque otra vez.

Eran casi las seis y treinta cuando subieron la orilla del estanque hacia el estacionamiento. Se dirigieron al muelle, y Baker ya había dicho al menos cinco veces «¿Ves? Te lo dije» cuando una joven mujer salió del microbús más sensacional que Sealy hubiera visto alguna vez.

—¡Vaya! —exclamó él antes de que Sealy pudiera decir algo—. ¿Qué es eso?

—¡Hola, chicos! —saludó la joven alegremente—. ¿Les gusta?

—¡Es maravilloso! —contestó Sealy—. ¿Cuál es ese color? Tiene un azul cielo... aguamarina, ahumado continuo.

—Azul Palladio es el nombre oficial del color —contestó Christy—. Benjamin Moore HC-144. ¡Y también es casa rodante! Este va a ser mi vehículo para fotografías.

Ella extendió la mano.

—Soy Christy Haynes... BeachChicPhotography.com. Vivimos en Orange Beach, pero suelo viajar. Díganme sus nombres...

—¿Qué? —preguntó Baker, y Sealy rió.

Baker estaba enmudecido, y Sealy lo supo.

—Soy Sealy Larson —respondió—. Este es mi esposo, Baker. A él le gusta tu microbús, y en un minuto se repondrá y tal vez hable al respecto. Tenemos dos hijas adolescentes, y Baker tiende a cerrarse cuando todas hablamos a la vez.

Sealy volvió a reír.

—Estamos aquí para encontrarnos con un hombre que nos está ayudando. Evidentemente hay una clase...

—¿Jones? —inquirió Christy—. ¡Por eso también yo estoy aquí!

Pronto salieron corriendo desde el estacionamiento hacia el muelle, donde Jones esperaba. Sealy y Christy reían como colegialas cuando llegaron al extremo. Baker encogió los hombros hacia Jones como diciendo: «No tengo idea qué pasa» cuando se acercaron. Jones sonrió, y de pronto Baker se dio cuenta de lo bien que se sentía en ese momento. Su esposa estaba feliz. Por primera vez, quizás en toda su vida, él tenía una dirección, y una nueva vida le esperaba para darle forma y moldearla con buenas decisiones.

—¿Niñas? ¿Chiquillas? —bromeó Jones mientras señalaba a Christy y Sealy que se unieron donde él y Baker ya estaban sentados; entonces ellas también se sentaron—. Ni siquiera voy a preguntarles de qué estaban hablando.

Por supuesto que ellas se volvieron a activar. Cuando al fin las dos mujeres habían ganado alguna apariencia de control, Jones continuó.

—Les pedí que vinieran un poco temprano esta noche. Varios más llegarán dentro de un rato, pero tengo un invitado que estará aquí en unos momentos precisamente para ustedes. Rápido, antes de que él llegue, me gustaría saber qué están esperando hacer para ganarse la vida.

—Fotografía —soltó Christy—. Ya tengo mi página web. Es BeachChicPhotography.com. ¿No es ese un nombre atractivo? Todavía no tengo la cámara que realmente necesito. Es decir, la que tengo es buena. Solo que no es muy...

—Gracias, Christy —interrumpió Jones; Baker parecía como si pudiera saltar desde la barandilla del muelle—. ¿Sealy? ¿Qué estás esperando hacer?

Tímida de repente, Sealy se preguntó si su idea era ridícula, y titubeó.

—¡Vamos, Sealy! —exclamó Christy haciendo sonreír a su nueva amiga.

—Está bien... —comenzó Sealy—. Bueno... me gustan las plantas, y todo el tiempo veo casas bonitas cuyos jardines están desiertos o descuidados. Soy muy buena haciendo crecer cosas...

La mujer se interrumpió y miró a su esposo.

—¿Baker? ¿Recuerdas que me dijiste que Jones dijo que no pensáramos en una manera mediocre?

Baker asintió con la cabeza.

—Bien, ¿recuerdas el sábado pasado cuando estuviste todo el día en la casa de ese tal señor Bailey? —preguntó ella, y Baker volvió a asentir; tenía la boca demasiado seca para hablar—. Fui a dieciséis casas mientras estuviste ausente. Pude hablar con once de los propietarios. Les dije cuán hermosos se verían sus patios si se plantaran y cuidaran algunos de los almácigos que yo había visto.

»Cada uno de ellos me comentó que ya tenían una persona o un servicio de jardinería que se encargaba de sus patios, pero recordé lo que me contaste que Jones te dijo acerca del valor. Por tanto les dije que mi negocio no era la jardinería, que me especializaba en almácigos de la estación. Les ofrecí que por cierta cantidad yo plantaría, fertilizaría, recortaría, podaría, abonaría y cambiaría completamente los almácigos tres veces por año. Les dije que todo lo que *ellos* tendrían que hacer... les participé: "Todo lo que necesito que ustedes hagan es entrar y salir de su entrada, mirar su increíble patio, y aceptar todas las felicitaciones de sus vecinos"».

Christy estaba a punto de saltar de su silla, pero se las arregló para permanecer tranquila. Jones sonreía, pero Baker hizo la pregunta que todos deseaban que Sealy contestara.

—¿Dijo sí alguno?

—Ocho de ellos lo hicieron, Baker —informó Sealy—. Ocho de ellos. Ya casi tengo tres mil dólares en los libros. Aún no tengo libros, desde luego, pero eso es lo que se dice cuando se está en los negocios, «en los libros», ¿correcto? Ya notifiqué al restaurante, Baker. Las chicas también están renunciando. Debo tener ayuda.

Baker evitó desmayarse, pero se sentía mareado al fingir informar a los demás acerca de su interés comercial.

—Cocinar —declaró—. Cocinar... al estilo al aire libre. Es decir cosas buenas sin embargo, no solo churrascos y hamburguesas. Por tanto... a cocinar se ha dicho.

Jones estaba a punto de hablar, pero Baker continuó.

—También pescar. También trabajar en embarcaciones y motores. Y por eso, me refiero a *barcos* de motor. Entonces barcos y barcos de motor, pescar y cocinar.

—¿Qué más? —inquirió Jones sin demora—. Y piensa en términos del valor que la pasión de ustedes tenga para otras personas.

Miró primero a la joven mujer de cabello oscuro.

—¿Christy?

—Está bien —empezó ella—. Intentaré hacer esto rápidamente. Valor. Creo que lo tengo. No quién me contratará como fotógrafa o que me permitirá tomarle fotos y me pagará, porque cualquiera puede hacer eso, ¿verdad?

Ella se estaba dirigiendo a Jones, quien asintió lentamente. La mujer estaba en la senda correcta.

—Por ende... hay una cámara específica, y cuando consiga el dinero, esa será la que voy a tener, usándola de manera adecuada puede producir fotografías que sean sorprendentes en su intensidad.

Les estoy diciendo... fotos de una familia o de un niño en manos del fotógrafo adecuado... por supuesto, en realidad es el ojo del fotógrafo el que hace que todo funcione...

Jones miró a Baker y Sealy. Ambos sonreían, y especialmente ella estaba interesada en lo que Christy manifestaba.

—De todos modos, he aquí el valor: voy a trabajar con diseñadores de interiores específicos —continuó Christy, pero paró en seco su monólogo y miró a Sealy—. ¡Oh, Dios mío! ¿Conoces a Melanie Martin en Orange Beach? Es propietaria de M Two. Interiores increíbles. ¿Plantas cosas? ¡A ella le *encantará* tu idea!

Después de dar una palmadita a Sealy en la pierna, Christy reanudó su charla.

—Jones, con diseñadores de interiores de la categoría de Melanie como clientes, o incluso individuos que contacten mi página web, la cual es BeachChicPhotography.com, ¿ya se los había dicho?, de todos modos crearé galerías. Estarán enmarcadas de fotos envueltas en lona, creadas para ajustarse a los deseos de cualquier espacio de pared específica que una persona o empresa desee. ¡Las piezas y las galerías de múltiples marcos que produciré no se conseguirán en ninguna otra parte!

»Piensen en esto... Este negocio ofrecerá a clientes selectos una galería de edición limitada, exclusiva, única. ¡Ja! ¿Cómo es eso de limitada? De todos modos, ¿qué estaba diciendo? ¡Ah!, que esta será una galería de edición limitada... ¡no! Será una galería de pared *única en su tipo* de la vida de una persona, de una familia, o de sus hijos. La galería será creada por un proceso fotográfico especial, y producida a mano para una ubicación específica en el hogar de alguien. ¿Qué opinan?».

—Creo que estás en algo —comentó Jones—. Tremendo inicio. Me gusta. Sealy, ¡también me gusta tu idea relacionada con las plantas!

Baker estaba abrumado y un poco nervioso de que Sealy y las chicas estuvieran renunciando a sus trabajos, pero también se sentía emocionado y orgulloso de su esposa. El valor que Sealy encontrara para alguien más en cuanto a lo que a ella le gustaba hacer era extraordinario. Su esposa había probado el valor a otras personas, y ahora realmente tenía clientes. Baker concluyó que esto no era nada más que perspectiva, una manera distinta de pensar con relación a algo acerca de lo que todos ya habían estado conscientes por años. Con esa manera de pensar, Sealy había abierto un negocio por su cuenta y había creado empleos en un solo día.

La mujer tímida con quien había estado casado por años tenía ahora a Baker mirando a las propias ideas de él a través de nuevos lentes.

—Las ideas que tengo también se pueden probar —dijo dirigiéndose a Jones—, exactamente como Sealy ya hizo. Solo oyendo su historia ya ha cambiado lo que sé que puedo hacer. Lo que ella hizo al vender en realidad una idea, probando su valor, es lo mismo que yo puedo hacer.

»En primer lugar, quiero permitir a algunos dueños específicos de grandes embarcaciones que tengan su propio mecánico personal de barcos. ¿Saben cuánto tiempo se necesita para llevar a cabo la reparación de un barco? Es ridículo. Y precisamente *sé* que hay al menos unas cuantas personas que estarían encantadas de pagar una modesta cantidad mensual a fin de tener un mecánico de guardia.

»También elaboraré un servicio de pesca. Hay muchas personas por aquí que tienen barcos, pero no saben cómo o dónde pescar. Yo sé cómo y dónde, pero no tengo embarcación. Puedo probar valor para esas personas, lo prometo. Luego, después de un día de pesca en sus barcos, con mi tercer negocio, cocinaré de manera creativa la cena para esta gente, usando como plato principal los pescados que hayan atrapado».

Baker miró a Sealy.

—¿Imagínate cómo lo cocinaré? —le preguntó.

—En tu parrilla Kamado —respondió ella.

—¡Desde luego! —exclamó Baker—. Ya he dibujado los planos para un remolque abierto que tenga una cocina al aire libre... con tres parrillas extra largas en él. Tendré que conseguir dos más, por supuesto, pero esto funcionará. Es algo totalmente distinto de lo que hace el abastecedor común y corriente.

Por detrás de él, Baker oyó la voz de un hombre.

—Yo ya sé cómo pescar, y también puedo cocinar los peces, pero si me dices cuánto necesitas para el servicio de mecánico personal, cerraré el trato ahora mismo.

Era Jack Bailey.

—¡Allí está! —gritó Polly, y yo casi lanzo nuestro auto dentro del estanque del Grand Hotel.

El objeto de la atención de Polly era un microbús Volkswagen de cuarenta años de edad, de color aguamarina estacionado entre un Corvette y un Mercedes.

—¡Ese es el microbús de Christy! —chilló Polly mientras yo, con gran habilidad y nervios de acero, me las arreglé para estacionar cerca.

Era jueves por la noche, y estábamos ansiosos por volver a estar en la clase de Jones acerca de la crianza de los hijos. Con solo veinte minutos para la hora, no teníamos tiempo suficiente para comer (en realidad, habíamos mordido algo en el camino), pero teníamos bastante tiempo para observar el microbús.

—Vamos —instó Polly mientras yo ponía la cara frente al último momento de aire acondicionado que disfrutaría hasta más tarde en la noche.

Quejándome ante la posibilidad de verme obligado a mirar la vieja furgoneta, salí de nuestro vehículo y caminé hacia lo que mi esposa ya estaba describiendo en voz alta como «una obra de arte, algo digno de verse, una antigüedad de significado histórico...».

—Muy bonito —pude expresar solamente al no ser alguien versado en autos, entrando a la presencia de la grandeza no vista como medio de transporte desde el programa de transbordadores de la NASA.

—¡Cariño! —exclamó ella como sorprendida por mi

indiferencia—. Cariño, ¡es precioso! Es un microbús Volkswagen original además de casa rodante Westfalia. Ven acá y mira dentro. Esto es fabuloso.

Hm —pensé—. *¿Fabuloso? ¿Lo dice una mujer que no acamparía aunque las vidas de sus hijos dependieran de ello?* Ante su insistencia miré a través de las ventanas laterales con persianas.

—Tiene fregadero —comentó ella—, y horno, nevera y un clóset pequeño.

Así era en realidad. Y con una cama colgante exhibiéndose en lo alto.

—¡Vaya! Esto *es* fantástico —comenté, sin poder resistir un poco de sarcasmo.

—¿Ves? —respondió Polly, mordiendo la pequeña carnada que le había puesto frente a ella—. Te dije que era increíble.

—Ah, sí —exclamé sonriendo—, y con todas esas agradables adiciones apuesto que allí podrías meter a media persona entera. ¿Puede media persona conducir esta cosa?

Polly no me habló mientras caminábamos hacia el muelle del hotel. Yo reía suficientemente alto para que ella oyera, a fin de asegurarme de que tuviera algo que ver con eso, pero para cuando llegamos tres minutos después, todo estaba bien.

—Christy ya está allí —observó mi esposa—. Y Jones. Y...

—Ese es Baker Larson —manifesté—, el tipo que conocí con Jones el otro día. Y la que está con él debe ser su esposa, supongo.

—Y hay alguien más —añadió Polly.

—Ese alguien más es Jack Bailey —expresé, un poco sorprendido—. Me pregunto qué está haciendo aquí.

Polly tuvo una idea.

—¿Sabes? Últimamente he hablado varias veces con Christy. Me comentó que iba a reunirse antes de clase con Jones. Algo relacionado con negocios, ¿recuerdas? Lo mencionaron la semana pasada.

—Lo recuerdo —dije—. Baker necesita algo. Y si se están reuniendo para hacer negocios, Jones tiene a la persona adecuada en Jack Bailey.

Entonces miré alrededor.

—Él vive a kilómetro y medio de aquí —añadí.

—En esa dirección —amplió Polly señalando—. Una vez fui a un evento de caridad para damas. No estoy segura de poder volver a encontrar la entrada, pero es un lugar increíble. Y me *encantó* ella... su esposa, Mary Chandler.

Asentí con la cabeza.

Nos habíamos detenido en la sombra de finales de la tarde de uno de los enormes robles junto al centro de conferencias del Grand Hotel. Callados por un rato, desde la distancia observábamos contentos al pequeño grupo.

—Jack es quien más habla —comentó finalmente Polly.

—Yo también lo había notado —concordé—. Mira a Jones. Inclinado en la barandilla con los brazos cruzados... ¿Ves cómo sonríe? ¿Qué estará sucediendo?

—¡Hola! —gritó Baker cuando vio a su amigo, y saltó para estrecharle la mano, entonces presentó a Jack a Sealy y Christy antes de volverse hacia Jones—. ¿Es Jack nuestro invitado?

—Sí, lo es —replicó Jones—. Y solo tenemos poco tiempo antes de que lleguen los demás.

Les hizo señas hacia la barandilla del muelle.

—Vengan aquí y sientan la brisa. Jack, si no te importa, tienes cinco o seis minutos para hablar sobre cómo superar a la competencia en los negocios. De alguna manera estás encaminado en negocios. Tu perspectiva en cuanto a cómo sucedió todo será interesante.

Jack estaba a punto de comenzar diciendo que Jones había sido el primer hombre en su vida que lo había querido lo suficiente como para contarle la verdad acerca de él. Quería informar a la pequeña clase que todo un día domingo había estado dando vueltas por el pueblo, y luego todo el lunes, antes de toparse finalmente con el anciano el martes por la mañana. Ansiaba decir que habría gastado cualquier cantidad o pagado cualquier precio por los quince minutos que llegó a pasar con Jones.

Estas personas frente a él incluían un hombre que ahora era su propio amigo. Estaban empezando negocios, y Jack quería expresar precisamente lo importante que era en la vida el sentido común y el aspecto del pensamiento si se esperaba triunfar. Planeaba decir que había sido Jones el verdadero responsable por cualquier éxito que él había alcanzado ahora.

En realidad, Jack tenía mucho qué decir antes de iniciar con el tema que le habían pedido, pero cuando abrió la boca para hablar, el anciano habló primero.

—¿Jack? —expresó.

—¿Sí señor?

—En el tiempo limitado que tenemos, profundiza tanto como puedas respecto a añadir valor a las vidas de otros, y respecto a la extrema ventaja comercial que brinda ese enfoque particular. ¿Y Jack?

—¿Señor? —contestó mientras Jones le sonreía.

—Déjame fuera de ello.

En ese instante por la conciencia de Jack corrió el pensamiento de que él, Jack Bailey, había viajado por el mundo y que era un miembro respetado de la comunidad, un líder... ¿Cómo entonces, se preguntó, podría ser tan fácil que él entendiera y superara a este anciano en particular?

Jack cambió rápidamente sus engranajes mentales.

—He aprendido que es relativamente fácil vencer a la competencia —explicó—. Lo hacemos jugando en un nivel en que la mayoría de las personas ni siquiera es consciente de que se está llevando a cabo un juego. Un constante ganador en cualquier intento piensa de modo diferente, a veces en forma dramática, que las personas comunes y corrientes. Nuestra competencia tiende a enfocarse en sus negocios. ¿Qué podemos hacer para atraer la atención? ¿Cómo podemos obtener más clientes? Por desgracia para ellos, mientras más se enfoquen en ellos mismos, más se alejan de su objetivo final, el cual es crecer y prosperar.

—Espere —interrumpió Christy con el ceño fruncido—, si usted no se enfoca en su propio negocio, ¿en qué se enfoca entonces?

—En otras personas —contestó Jack, pero la respuesta no borró el ceño fruncido de Christy, así que explicó—. He aprendido que uno puede crear valor en las vidas de las personas, uno que va más allá de lo que ellas creen como «nuestro negocio».

»Es posible crear valor en las vidas de otras personas, algunas de la cuales ni siquiera podrían ser clientes o compradores; eso es más importante para ellas que lo que los negocios de ustedes proveen en realidad. Cuando se logra eso, aquella persona nunca contratará a alguien más, no trabajará con alguien más, ni comprará a alguien más».

Ahora fue el turno de Baker de fruncir el ceño.

—No estoy seguro de entender. ¿Puedes dar un ejemplo de cómo creas esa clase de valor?

—Sí —replicó Jack—, y podría darte un ejemplo tras otro durante horas. Pero he aquí uno. Fue algo que hicimos en nuestros concesionarios de vehículos. Tú debes entender que la mayoría de las personas compra autos por el precio, y generalmente no les gusta el proceso. Los precios fluctúan, desde luego, y a veces las personas gastan doscientos dólares en gasolina yendo de concesionario en concesionario de autos con el fin de ahorrar trescientos dólares en la compra de un vehículo.

—Así es —asintió Baker sonriendo—, yo mismo pude haber hecho eso una o dos veces.

—De modo que la gran mayoría de las personas sienten un poco de relación antagonista con los distribuidores de autos. Ahora bien, si un negocio ha estado en un lugar por mucho tiempo, como nosotros, existe una mayor oportunidad de haber desarrollado relaciones perdurables con los clientes. Algunos de nuestros clientes no compran en ninguna otra parte.

—Aquellos son sus amigos —intervino Sealy, entendiendo—. Usted se ha probado con el tiempo, y ellos se han convertido en sus amigos.

—Así es —expresó Jack—. Sin embargo, ¿qué hay de las personas que *no* conoces? Crear esa clase de lealtad en ellas a primera vista parece imposible. Aquí es donde hemos aprendido a competir en un nivel diferente.

Hizo una pausa para crear expectativa.

—Hace varios años hubo una caída de toda la industria. Las personas simplemente no compraban autos. Y no solo nosotros, sino todos los concesionarios, sufrieron durante una recesión económica nacional. Incluso al llegar la temporada de vacaciones, que por tradición es una buena época para nosotros, esta vez fue sombría. Sabiendo que diciembre no parecía prometedor, y resolviendo que no nos sentaríamos a lamentarnos, comenzamos a trabajar para nuestros clientes de toda la vida *y* para aquellos compradores que estarían tomando decisiones en el futuro.

»Pusimos anuncios en radio, prensa e Internet, pero ni uno solo era acerca de precios o venta de liquidación. Dijimos una verdad que los clientes casi nunca oyen, y esto les llamó la atención. Manifestamos: "¡Los negocios están bajos y tenemos tiempo en nuestras manos durante la temporada navideña!". La siguiente frase decía: "Queremos brindar tiempo a ustedes, los miembros de nuestra comunidad". El resto del anuncio, cuña publicitaria, o lo que fuera, les informó exactamente lo que íbamos a hacer.

»Movimos a la mayor parte de nuestro personal de servicio a las salas de exhibición con sus herramientas, y allí, hasta la víspera de Navidad, los mecánicos, los vendedores, las recepcionistas, y su servidor pasamos cada día, todos los días, y hasta la mayoría de noches, armando juguetes para todo el que desee nuestra ayuda».

—¡Ja! —exclamó Christy—. ¿De veras?

—Sí, de veras. No cobramos un solo centavo. No permitíamos propinas. Teníamos donuts y café para las personas que querían esperar, o estas podían ir de compras y regresar en cualquier momento. No tengo idea cuántas bicicletas armé ese diciembre, pero déjenme decirles algo, podría armar una durante mi sueño ahora.

Todos rieron.

—De todos modos, he aquí lo que sucedió. La gente estaba agradecida. Nosotros estábamos emocionados a causa de las personas que habíamos ayudado. Esa fue una increíble Navidad para nosotros. No vendimos muchos autos, pero eso no importó. Siempre tomamos nuestras decisiones basados en beneficios de largo plazo. La Operación Juguetes de Navidad fue exactamente eso. Y fue divertido. Lo hemos hecho un par de veces más desde entonces.

—¿No vendieron muchos autos? —preguntó Baker, confundido—. Creí que nos ibas a dar un ejemplo de algo que funcionó... algo que te ayudó a surgir por sobre la competencia.

—Ah, quise decir que no vendimos muchos autos *entonces* —explicó Jack sagazmente—. Cuando terminó la recesión de la industria y las personas comenzaron a comprar autos otra vez, parecía que todas nos los compraban a nosotros. ¿Todas esas compras por el mejor precio? ¿Viendo qué concesionario cobraría cien dólares menos que el otro? Nada de eso les importó ya a las personas que habíamos ayudado. Mira, Baker, al agregar valor a las vidas de las personas más allá de sus pensamientos tradicionales acerca de nuestro negocio, hicimos gran cantidad de amigos. Esos amigos decidieron dónde comprarían su próximo auto mucho antes de que en realidad necesitaran uno.

—Increíble —comentó Baker.

—No realmente —contrarrestó Jack—. Las personas desean ser tratadas bien. No han venido a esperar eso, pero sin embargo les gustaría que suceda. Hace años decidí que nadie sería tratado, recibido u honrado por cualquiera mejor de lo que sería tratado si acudía a mí, sea que yo estuviera «en el trabajo» o no. Esto no necesariamente fue algo comercial. Fue una decisión de vida para mí que se convirtió en un activo empresarial.

—¿Puedes contar otra historia aquí? —pidió Jones—. Tenemos poco más de dos minutos.

—Por supuesto —respondió Jack—. También tenemos algunos restaurantes. Todos ellos sirven a la capacidad, almuerzo y cena, seis días a la semana. La comida es fresca y bien preparada, pero muchos establecimientos de comida hacen lo mismo. Curiosamente, solo comenzamos a abarrotar los lugares cuando agregamos un comportamiento a la cultura de nuestro equipo.

»Nuestros camareros, cocineros y administradores aprendieron los nombres de una cantidad de sus clientes ocasionales. Esos clientes ocasionales llegaron a convertirse en clientes regulares. Ellos son una propaganda mejor de la que podríamos pagar. Eso podría parecer algo pequeño para ustedes y para mí, pero es algo grandioso para personas que no muy a menudo son recibidas con entusiasmo en el trabajo, en la iglesia o incluso en sus propios hogares. Enorme valor.

»Rápidamente he aquí otro ejemplo. Espero que esto no parezca fanfarronería, pero quiero que entiendan lo rentable que resulta hacer lo correcto. Nuestras compañías de bienes raíces venden muchísimo más que sus competidores. Ese es el caso en todo mercado en que estamos. ¿Por qué? Bueno, vender bienes raíces es lo que todo el mundo hace, así que también lo hacemos. Y lo hacemos bien. Además, repito, estamos luchando por rivalizar en un nivel de competencia que no siempre está consciente de que hay un juego en acción.

»Así que cada día tratamos con diligencia de descubrir maneras de agregar valor a las vidas de nuestros clientes y de nuestros clientes *potenciales*. Buscamos valor que va más allá de los bienes raíces tradicionales. Una vez que logramos eso, no solo hemos añadido valor a las vidas de personas que lo merecen, sino que hemos creado una ventaja comercial que es difícil de identificar e imposible de que la competencia haga publicidad en contra».

—¿Qué quieres decir con «imposible que se haga publicidad en contra»? —inquirió Baker.

—¿Qué podría posiblemente decir la competencia? —preguntó Jack sonriendo—. ¿No ves las carteleras? «Somos conscientes de que el amigo que ama y adora está en el negocio de bienes raíces, pero por favor, ¡déjanos a cambio vender tu casa!».

Christy, Sealy y Baker aplaudieron mientras Jack expresaba un breve agradecimiento y abrazaba a Jones. Les estrechó las manos y recordó a Baker que fuera a su casa con los detalles del servicio de mecánico personal. Jack también animó a Sealy y a Christy antes de despedirse y pasar al grupo de la clase de Jones sobre crianza de hijos que ya estaba llegando.

Dieciséis

Cuando vimos que la pequeña reunión llegaba a su fin, Polly y yo comenzamos a caminar hacia el muelle. Yo había querido hablar con Jack Bailey, pero él llegó a la acera sin vernos y se volvió hacia el otro lado. Al ver también que Jones estaba reuniendo a todos en el extremo del muelle, decidí que podía saludar a Jack en otra ocasión, y avanzamos de prisa.

Fuimos los dos últimos en llegar. Mirando alrededor vi que nuestro semicírculo estaba arreglado, y nos acomodamos en él, igual que habíamos estado la semana anterior, pero con una pequeña excepción. Baker y Sealy se nos habían unido. Polly y Christy habían hablado por teléfono varias veces durante la semana pasada. Yo ya había observado a Christy y Sealy juntas. Ahora, las tres estaban sentadas una al lado de la otra: Polly, Christy y Sealy. *Buena suerte, Jones* —pensé—. *Espero que logres hablar esta noche...*

Kelli y Bart estaban en el extremo del grupo, ella sentada al lado de Baker. Kelli empezó nuestra noche revisando nuestros veintiún resultados deseados en cuanto a la crianza de hijos. Cuando terminó de leer la lista, todos miramos a Jones. El cielo estaba oscuro y amenazador. Había estado nublado todo el día. No había pronóstico inmediato de lluvia, pero las nubes bajas sobre la bahía siempre parecen comprimir la humedad salada, y se podía saborear el aire.

—Permítanme revisar lo que sabemos y presentar algunas conclusiones —manifestó Jones—. Creo que las conclusiones deben producir los resultados que ustedes desean para el futuro de sus hijos. Como siempre, son bienvenidas las preguntas.

Se detuvo por un momento antes de seguir hablando. Yo no estaba seguro de por qué. Quizás estaba esperando una pregunta. Yo estaba seguro de que él no había perdido su lugar. Esta ni siquiera era una larga pausa, simplemente algo que noté.

—De nuestros análisis anteriores —continuó Jones—, determinamos que la sociedad actual ha llegado a un cordial estancamiento con relación a los diferentes estándares por los que sus hijos se crían. Durante nuestro tiempo juntos hemos llegado a comprender que aunque la mayoría de los padres está haciendo lo mejor que puede, no existe consenso, no hay acuerdo social acerca de una norma.

»Y hay complacencia, una aceptación de lo que sea, que afecta a los seres humanos. Esa complacencia anima a una persona a desconectarse del esfuerzo para dar forma a la cultura en que vive.

»A veces nos preguntamos por qué la sociedad se ha vuelto complaciente. La sociedad no es nada más que individuos que viven en íntima proximidad unos con otros. Sociedad es gente. A lo que nos referimos como "cultura" lo definen las costumbres y las prácticas aceptadas por esas personas. Así que la sociedad se vuelve complaciente como resultado de individuos que ceden ante la creencia de que no se puede hacer nada respecto a la cultura. Esto no solo es falso, sino también peligroso de creer.

»Oigan atentamente. Aunque una cultura se puede definir por las costumbres y prácticas aceptadas de su gente, es trascendental entender que es el *pensamiento* de su gente lo que crea una cultura en primer lugar. Conocer esta diferencia es tan importante como para constituir la clave de que las civilizaciones vivan o mueran. En realidad, así ha sido por miles de años».

Jones volvió a hacer una pausa, pero esta vez yo estaba poniendo atención. Él parecía estar sopesando una idea particular o quizás una elección de palabras. Yo lo observaba con atención porque su rostro mostraba lo que yo había llegado a considerar como «expresión indescifrable». No había visto esto a menudo, pero era tan inolvidable como indescifrable. Tristeza, amor, alegría y enojo, todo al mismo tiempo. La reacción a esta expresión era casi tan extraña que yo había comenzado a reconocerla en mí mismo. Una vez más, y todo al mismo tiempo, sentí insignificancia, poder, esperanza, temor y asombro.

—En esta época —continuó finalmente Jones—, siento que ha llegado la hora de informarles que el trabajo que ustedes completarán durante los próximos años es crítico no solo para el futuro de sus propios hijos, sino también para el futuro de su nación. A menos que quieran terminar como Roma.

El anciano esperó mientras nos mirábamos nerviosamente. Bart, en particular, fruncía profundamente el ceño.

—La caída del imperio romano es un ejemplo perfecto de lo que ocurre a una sociedad que se cansa de la lucha por sus hijos, que renuncia a la esperanza de una norma cultural, y que finalmente concuerda en estar en desacuerdo.

»La correcta definición de la palabra *norma* es "un necesario o requerido nivel de calidad o logro". Si eso es cierto, y la definición de la palabra afirma que lo es, entonces lo que la sociedad de hoy ha hecho al acordar estar en desacuerdo es prácticamente anunciar que existen muchas *normas*. La sociedad ha proclamado que una norma es cualquier cosa que ustedes decidan que sea».

Jones volvió a detenerse para examinar la reacción a sus palabras.

—Pero esperen... una norma es un nivel *acordado* de calidad o logro. Uno. Un nivel de calidad o logro que se ha acordado. En otras palabras, cuando una sociedad se acomoda a la idea de que puede haber muchas reglas, las personas prácticamente han aceptado la realidad de que *no* habrá norma. Todo vale. Y eso, mis amigos, es exactamente lo que sucedió a un poderoso mundo una vez grande, una vez saludable, una vez invencible.

»Muchos individuos recorren hoy día las ruinas de Roma. Al parecer sin excepción toman fotos y se preguntan en voz alta qué pudo haber ocurrido. ¿Cómo fue posible, se preguntan unos a otros, que una sociedad tan avanzada se hubiera podido desintegrar, sumiendo a toda una civilización en absoluta oscuridad y confusión tan total que el mundo no escaparía a ella durante siglos?

»Por desgracia, hoy día nadie parece estar dispuesto a dar un paso adelante y contestar esa pregunta. ¿A qué se debe esto? A que la respuesta nos incomoda. Si aceptamos esa verdad, la respuesta *requiere* algo de nosotros. La respuesta es tan solo una seria advertencia para el mismísimo futuro de nuestra propia sociedad».

—¿Cuál es la respuesta, Jones? —quiso saber Bart.

—¿Cómo se las arregló Roma para colapsar? —inquirió Jones—. Los historiadores han escrito libros tratando de responder esa pregunta, pero ¿cuál es la verdad? La verdad es una sencilla historia de buenas personas que simplemente se cansaron de promover y defender lo que sabían que era correcto. Cuando los romanos se desanimaron y comenzaron a mover sus valores e ideas hacia la periferia de la sociedad, sin saberlo iniciaron el comienzo del final.

»Al recorrer las calles de la Roma actual e imaginar la magnificencia de ese imperio en su apogeo, es importante recordar que la gloria de Roma se inició con una norma considerada ante su pueblo. Sin embargo, su destrucción se inició por *normas* que las personas consideraron ante sí mismas».

Todos estábamos un poco aturdidos después del comienzo de la clase nocturna. La historia de la caída y desaparición final de una gran nación se sentían demasiado cerca de casa. Jones nos miró y anunció un descanso.

—Tienen tres minutos —manifestó—, y luego nos volveremos a reunir.

Yo quería hablar con él, pero las damas fueron inmediatamente hacia el anciano, ellas llegaron primero, y eso fue todo. Vi a Polly hablando también con él y fui a estar con los muchachos. Al final del descanso, Bart, Baker y yo estábamos parados cerca, esperando un momento con Jones. Al no suceder esto, nos dispusimos a ir a nuestros asientos.

—Jones —dijo Bart dirigiéndose al anciano—, creo que a todos nos agradaría quedarnos tanto tiempo como usted desee.

Él puso una mano en el hombro de Bart y lo llevó desde la barandilla, donde Jones había estado, casi detrás de la silla de Bart.

—Gracias, Bart —replicó Jones en los segundos que tardó en cubrir la pequeña distancia—. Aprecio eso, pero veamos qué podemos hacer para cubrir todo rápidamente. Creo que nuestro tiempo es más corto de lo que se podría creer.

Baker ya estaba sentado y hablaba con Sealy, pero yo estaba cerca y le oí decirlo. Bart se sobresaltaba y se retorcía como si lo hubieran pinchado y me miró con una expresión en el rostro de «¿qué quiso decir él con eso?». Yo tampoco lo sabía.

Sé que había pasado los últimos tres minutos dejándome llevar otra vez por el desánimo. Sí, incluso después que Jones explicara que esa clase de pensamiento podría ser problemático. Sin embargo, una rápida revisión mental de las diferentes normas que la sociedad ya había aceptado era más de lo que yo podía aceptar en ese momento. Mientras me sentaba, levanté la mirada al cielo y pensé: *¿Existe alguna esperanza en absoluto?*

—¿Qué tenemos? —comenzó Jones—. En la actualidad, la sociedad de hoy ha acordado estar en desacuerdo. No obstante, hubo algo que descubrimos en nuestros análisis en lo que la sociedad sí está de acuerdo.

Cobré ánimo. *¡Vaya!* —pensé—. *¿Algo en lo que la sociedad está de acuerdo?*

—Sí —continuó Jones—, la sociedad está de acuerdo en que nuestra cultura está declinando, en que como personas nos estamos volviendo menos de lo que fuimos. Si ustedes examinan los diez problemas principales que los maestros de colegio enfrentaban con sus alumnos de varias décadas atrás, contra los diez problemas principales que los maestros de colegio enfrentan hoy día, las diferencias son escalofriantes. Es más, si a la lista actual no se la titulara con la palabra «colegio», se podría creer que la hubieran creado en referencia a una prisión.

Y... otra vez no tengo esperanza.

—Pero hay esperanza —declaró Jones, dando más fe a mi sospecha de que el anciano podía leerme la mente—. Hay esperanza porque hay algo más en lo que la sociedad *sí* está de acuerdo. Y es algo grande.

Él tenía nuestra atención.

—Cuando la sociedad revisa su propia historia y examina las cumbres y los valles, hay una época particular que señalamos como una marca de marea alta. En la historia de nuestra nación, la cual se extiende a más de dos siglos, a un grupo siempre se le escoge como ejemplo para el resto de nosotros.

»En cuanto a excelencia, carácter e integridad de estas personas particulares, todos estamos de acuerdo. Incluso entre aquellos cuyas normas podrían variar en gran manera de las de ustedes, gente de todas las afiliaciones religiosas, miembros de los medios de comunicación, liberales, conservadores, toda raza y edad... Todo el mundo, en todas partes, al contemplar por un momento la historia y el papel de la humanidad en ella, pone limpiamente el dedo en un lugar y declara: *"Eso es lo mejor que tuvimos alguna vez".*

»La sociedad reconoce el encumbramiento cultural que precedió a ese grupo y la declinación en nuestra cultura que ha ocurrido desde entonces. Y sin embargo, señalamos hacia ellos. Mientras examinamos nuestra historia, decimos que esos individuos sacrificaron más. Se sirvieron unos a otros con mucho entusiasmo. Se interesaron más acerca de su nación y su Dios. No esperaron que los llevaran; se ofrecieron a llevar. Esperaron poder conservar solamente la mayor parte de lo que produjeron. Y debido a esa creencia trabajaron más duro y produjeron más para todos.

»Sí —declaró Jones—, la sociedad está de acuerdo respecto a esas personas. Hasta les tenemos un nombre. Los llamamos "la más grande generación"».

Todos habíamos susurrado la frase mientras el anciano la expresaba en voz alta: la más grande generación. Él tenía razón, así era.

Y estaba en lo correcto al aseverar que todos concordaban en que ellos conformaron la más grande generación. *No obstante... sin ofender, Jones* —yo estaba pensando—, *¿pero y qué? ¿Cómo nos ayuda eso hoy día?* En realidad me sentía mucho más cerca de Roma de lo que estuvimos en las décadas de los cuarenta o cincuenta. Entonces, como había hecho muchas veces antes, Jones me dejó anonadado.

—Debo confesar —continuó el anciano—, que yo podría ser la única persona con que ustedes se toparán alguna vez que *no* crea que esas personas fueron «lo mejor que hemos tenido». Es más, déjenme declarar para que conste que *no creo* que ese grupo de personas fuera la más grande generación.

Jones nos miró mientras conteníamos el aliento. Lo que acababa de decir nos dejó dando tantos tumbos que no sabíamos qué creer. Él había dado totalmente en el blanco en la primera parte. Había tenido razón; todo el mundo está de acuerdo en algo. Todos concuerdan en que esas personas fueron lo mejor que alguna vez tuvimos. ¿Afirmaba luego que *no* lo fueron? Yo no estaba seguro... ¿era eso sacrilegio?

—No señor, en realidad no creo que esas personas merecieran el título —expuso Jones, luego cruzó los brazos e inclinó la cabeza; los ojos se le entrecerraron, pero siguieron chispeándole como fuego azul—. Si en realidad estamos hablando de *la más grande* generación, mi voto va para los papás y las mamás de esos personajes.

Al instante comprendimos. Un rayo de esperanza volvió a encenderse.

Jones se apoyó en una rodilla mientras continuaba.

—Estoy pensando que los verdaderos héroes de la más grande generación deben haber sido los padres y los abuelos que produjeron a esos personajes para nosotros. ¡Piensen! ¿Quién levantó esa generación, cuyas normas los moldearon siendo niños para convertirse en los adultos a quienes la sociedad aún acepta décadas más tarde como la más grande representación de humanidad jamás alcanzada?

»Pero lo más importante para ustedes, lo más importante para el futuro es... ¿qué hicieron ellos?».

Jones se paró, y caminó de un lado al otro mientras pensaba en voz alta.

—¿Cómo criaron a esos hijos? ¿Qué esperaron esos padres? ¿Qué exigieron? ¿Cómo disciplinaron? ¿Y cuándo? ¿Qué hacían esos chicos después de clases? ¿O en el verano?

—¿Así que usted cree que hubo una norma en esa época? —interpeló Kelli.

—Absolutamente, Kelli —replicó el anciano—. La sociedad, con sus múltiples estándares, se ha convertido en un juego de azar para muchos padres. El premio es un hijo que llegue a convertirse en un adulto maduro, responsable, productivo y feliz. Piensen en la posibilidad de que un juego de azar como ese pueda producir la generación más grande. Ustedes podrían lanzar los dados por mil años y nunca obtener resultados como los que consiguieron los padres y abuelos de esa época.

»No tengo duda de que tú y Bart lograrán grandes resultados con sus hijos. Pero la realidad es que ellos no van a vivir como adultos en una burbuja. Sus hijos vivirán como parte de una sociedad cuya cultura, mírese por donde se le mire, está en un fuerte declive. Ellos a su vez criarán a sus hijos en esa sociedad, y estos deberán ganarse la vida en ese medio.

»Si ustedes reunidos aquí en este momento no pueden convencer a otros a unírseles en criar hijos por medio de una norma que vuelva a producir grandeza, sus hijos serán muchísimo peores que cualquier cosa que ustedes pudieran estar experimentando hoy día.

»Por tanto, ¿existió entonces una norma? Sí, pero en esa época fue aceptada comúnmente. La tarea que ustedes tienen por delante será difícil. ¿Recuerdan? Hoy día existen muchos estándares, lo que significa que depende de que ustedes se hagan escuchar y de que logren persuadir a la gente a tomar una buena decisión relacionada con la norma que ellos seleccionen».

Durante un par de segundos se hizo un silencio sorprendente. Luego todos hablamos a la vez. Fue la parte «depende de ustedes» que Jones había dicho lo que captó nuestra atención.

—¿Depende de nosotros? —inquirió Kelli levantando la voz por sobre el mismo coro que todos cantábamos—. ¿Depende de nosotros?

Todos la miramos cuando ella lo repitió.

—¿Cómo es que depende de nosotros? Mi vecino no me escuchará, ¿y afirma usted que depende de nosotros?

Jones no respondió al instante.

—Comprendo lo que está diciendo Kelli —intervino Polly—. Temo que hasta cierto punto esto podría ser como convertir a una persona al otro lado del pasillo político.

—Mi esposo es ministro de jóvenes —expuso Christy—. Sé que es difícil de creer, pero vemos muchos estándares diferentes por los que los adolescentes se han criado en nuestra propia iglesia. De vez en cuando mi esposo ha pedido a un chico que use algo o que hable de cierto modo. Invariablemente oirá una respuesta del padre del jovencito, y el mensaje por lo general es: «Esto es un asunto de opinión. Y esta es nuestra opinión. Manténgase al margen de cómo crío a mis hijos».

Todos asentimos, estando de acuerdo con quienes habían intervenido.

Esto era muy interesante. Me pareció que al fin el anciano había perdido un asalto. *Ah, bueno* —pensé—. *Jones, debiste haberte quedado con lo hipotético. Una vez que entraste a ese territorio «depende de ustedes», lo hipotético se volvió personal. Allí es donde te perdiste.* Pero debí tener mejor criterio. Él comenzó de nuevo como si no hubiera oído a ninguno de los que hablaron.

—La mayoría de personas vive bajo la idea errónea de que se necesita mucho tiempo para cambiar. No es cierto. Tal vez se necesita mucho tiempo a fin de *prepararse* para cambiar, de *decidir* cambiar, o hasta de *querer* cambiar. Sin embargo, el cambio en sí ocurre en un instante.

»El verdadero cambio, la clase de cambio que perdura, puede ser dramático, pero es total y cien por ciento previsible».

Miré a mi derecha y mi izquierda. Esa última declaración había hecho arquear algunas cejas.

—Hay dos elementos que deben estar presentes para que una persona cambie su opinión sobre un asunto particular. Recuerden que el pensamiento es nuestra base. Muy bien, dos aspectos... Uno, ¿qué hay en cuanto a mí? El primer elemento que debe estar presente a fin de que una persona cambie es una comprensión de cómo ese cambio la beneficia. ¿Qué hay en cuanto a mí? ¿Lo captan?

Asentimos con cautela.

—El segundo elemento que debe estar en su lugar para que una persona realice un cambio inmediato y perdurable es... una prueba más allá de una duda lógica.

—¿Duda lógica? —objetó Baker.

—Más allá de una duda lógica —repitió Jones—. Esta no tiene que ser una prueba matemática o alguna clase de fórmula; solo debe ser la clase de prueba que tenga sentido para el individuo.

—No obstante, ¿cómo podemos probar una norma? —inquirió Bart.

—Primero se debe acordar un resultado final —replicó el anciano—. Eso es más fácil de lo que ustedes creen. ¿Qué tal esa lista de veintiún resultados que crearon? Ustedes estarían en apuros para encontrar un padre o una madre que no quisiera que su hijo o su hija tengan esas cualidades cuando sean adultos. Una vez que se haya acordado el resultado final, se puede comenzar a determinar el proceso que debe producir ese resultado. Esto es verdad en cuanto a la crianza de un hijo, a la promoción de un negocio, o a buscar un campeonato nacional.

»El proceso debe refinarse y probarse. ¿Debería una decisión, un hábito, o una actividad particular ser parte del proceso? La respuesta se determinará dependiendo de si esa decisión, ese hábito, o esa actividad nos acercan al resultado deseado o nos alejan de él.

»Cuando el proceso se refina hasta el punto de que se ha demostrado más allá de la duda lógica que produce el resultado deseado, y este resultado demuestra ser beneficioso para el ser humano, se puede entonces acordar una norma. En ese punto está comenzando a ser evidente para muchas personas dónde es que están ocurriendo grandes resultados, y quienes consiguen grandes resultados podrán explicar fácilmente la razón.

»Sin embargo, les reitero que determinar un resultado específico que se desea en el futuro, y el proceso que produce ese resultado deseado, son dos componentes totalmente distintos en cuanto a lo que realmente se necesita para lograr el resultado deseado. Querer alcanzar un objetivo noble sin un proceso en su lugar para lograrlo, es algo ilusorio. De igual modo, crear un proceso que dé a todos algo qué hacer, sin ningún pensamiento o ninguna decisión acerca de un resultado específico, es una pérdida total de tiempo y recursos».

—Me vuelvo a referir a mi esposo —interrumpió Christy levantando la mano—. Él trabaja con muchos adolescentes. Brady está en los colegios todo el tiempo, y tenemos largas charlas acerca de lo que ve allí. De vez en cuando sugiere o hasta requiere un cambio en la forma en que un chico se viste, o en una pieza particular de joyería que usa. Una de las cosas que Brady oye de los padres es que eso o aquello es algo cultural. Ellos afirman: «Lo hacemos porque es parte de nuestra cultura». ¿Cómo se puede cambiar algo tan arraigado?

—Buena pregunta —reconoció Jones asintiendo con la cabeza—. Recuerda que esa cultura, cualquier cultura, es resultado del pensamiento que la crea. Una buena manera de pensar enfocada en grandes resultados produce una buena cultura. Una mala manera de pensar por lo general crea lo opuesto. Recordemos que debemos hacer esta pregunta a los padres: «¿Qué resultado quieren para sus hijos cuando se conviertan en adultos?». Esta también es una buena pregunta para los adolescentes.

»Muchos grupos diferentes de jóvenes usan ropa específica y la usan en forma específica para que otros reconozcan que pertenecen a algo en una forma u otra. Pero es importante seguir una trayectoria de cultura. ¿Qué resultados pueden producir adultos de veinticinco años de edad que siendo adolescentes participaron en una cultura que aceptó perforaciones faciales como parte de una apariencia normal? ¿Contratan a esas personas de veinticinco años en la misma proporción que a adultos de esa misma edad que estuvieron inmersos en una cultura adolescente que promueve pantalones clásicos, camisas abotonadas, y cabello cuidadosamente arreglado?

»¿Cuáles son las diferencias en los resultados de sus relaciones? ¿En sus ingresos a los treinta años? ¿Qué resultados están alcanzando los propios hijos de ellos?».

Nos quedamos callados cuando Jones hizo una pausa, como si estuviera evaluando la reacción del grupo.

—Miren —continuó finalmente—, el ejemplo que les acabo de dar es obviamente un poco extremo. No obstante, no es menos cierto. Todo lo que una persona hace, sea padre o hijo, tiene consecuencias. Se puede fácilmente hacer el seguimiento a indumentaria, comportamiento y hábitos hasta llegar al resultado que estos producen.

»La conclusión respecto a la declaración "Esto es parte de nuestra cultura", es esta: en el mejor de los casos, esta es una decisión que se hace con poco o ningún pensamiento crítico en cuanto a resultados futuros. En el peor de los casos, es simplemente una excusa para hacer lo que alguien quiere hacer. Este es un comportamiento egoísta y acéfalo, repleto de consecuencias no consideradas que finalmente destruyen familias, vecindarios, ciudades y antes de darnos cuenta, generaciones.

»Recuerden siempre que sus familias tienen una cultura, que su equipo tiene una cultura, y que su ciudad y su estado también tienen culturas. Dallas tiene una cultura, y es diferente a la que se encuentra en Fort Worth. Estados Unidos tiene una cultura. Cada cultura no es más que el resultado del pensamiento que la produce. Una cultura la elige su gente, sea por decisiones deliberadas o por conformidad a cómo se sienten todos en determinado momento.

»La cultura en que ustedes viven hoy día es la cultura que han permitido. Lo mismo se puede decir de su familia y de su nación. Nunca olviden que ustedes darán forma a la cultura en que existen, o que la cultura que ustedes permitan determinará cómo vivirán y, quizás algún día, determinará incluso *que* les permita existir».

Nadie dijo una palabra. Polly me tomó la mano. Jones no sonreía ni fruncía el ceño. Miró al cielo por un tiempo y se volvió a
recostar en la barandilla del muelle. Yo personalmente no sabía si
deseaba pararme y aplaudir o arrastrarme y vomitar. Todo parecía
demasiado abrumador. *¿Cómo* —me pregunté—, *puede ser posible
comenzar a cambiar nuestras ciudades? ¿Dónde podríamos comenzar
a movernos hacia otra edad de oro, u otra generación grandiosa?* Miré
a los demás. ¿Nos estábamos haciendo todos las mismas preguntas?

—Empiecen en casa —añadió Jones simplemente, sin que me
sorprendiera que contestara mis pensamientos—. Empiecen con
ustedes mismos, con sus familias, con sus hijos. Los resultados
que produzcan serán evidentes y codiciados por personas en todas
partes. Aquellos resultados los guiarán a ustedes y a muchos de
sus amigos hacia un proceso. Ese proceso será redefinido incluso
por resultados mayores, y estos resultados, probados en las vidas
de cientos, y después de miles, producirán una norma. Después de
haber sido malinterpretada y de haberse perdido una vez durante
una época difícil, esa norma será pulida, protegida y sostenida en
alto para que todos la vean.

»Entonces ustedes verán a personas de todo color y credo
juntarse en amistad y abundancia. Y todo habrá comenzado con
ustedes».

Esta última frase la dijo con una sonrisa.

—¿Algo más antes de partir? —preguntó por último.

—¿Nos reuniremos la semana entrante? —inquirió Christy.

—Me siento honrado que ustedes parezcan querer eso, pero
no, no lo creo —contestó Jones sonriendo—. No me corresponde
llevarlos todo el camino hacia un destino. Simplemente hago bri-
llar un poco de luz sobre la senda de vez en cuando. Pero estaré por
ahí. Siempre lo estoy.

Permanecimos allí un rato intercambiando números telefóni-
cos y direcciones de correo electrónico. Jones se quedó para los
abrazos y apretones de manos. Yo lo abracé, pero no le pregunté
acerca de una «próxima vez». Debí imaginarlo, y por supuesto que
la pregunta ya se había respondido. Y yo había oído la respuesta esa

noche, y la había oído antes, y él no debía volver a decírmela. En cualquier momento que deseara yo podría oír la voz del anciano en mi cabeza, porque su respuesta estaba oculta a buen recaudo en mi corazón.

—Estaré por ahí. Siempre lo estoy.

Eso es lo que el hombre manifestó. Se sentía bien saber que era verdad.

Diecisiete

Eran las 2:51 a. m. cuando Christy curvó en la carretera secundaria 49. Menos de una hora antes Jones había llamado y le había pedido que lo recogiera en el costado norte del puente.

—Está bien —había manifestado ella, ganando tiempo para pensar—. Jones, ¿está usted herido? ¿Dónde está?

—Estoy bien. Me encuentro en el puente de Magnolia Springs sobre la carretera secundaria 49. Necesito que vengas de inmediato. Y necesito que traigas tu microbús. No manejes muy rápido. Ten cuidado. Simplemente ven. Brady entenderá y se encargará de los chicos.

Los faros iluminaron el cabello blanco como la nieve de Jones, y Christy lo divisó al instante. Se hallaba sentado en el lado norte del puente, sobre la barandilla oeste. Neblina, aún no tan alta desde el río para que representara un problema en la carretera, chocaba suavemente debajo de él como si estuviera sentado en una nube. Para el ojo de la fotógrafa, esta era una escena fascinante, pero otra en una larga lista, pensó ella, que desaparecería en un minuto o dos y se perdería para siempre.

Christy estaba frustrada por escenas como esta porque no poseía la cámara que le permitiría disparar luz natural como aparecía en su mente de fotógrafa. Ella y Brady tenían un juego que practicaban cuando ella veía algo increíble que todos los demás pasaban completamente por alto.

—Tendría esa cámara ahora mismo si no fuera por un pequeño detalle —solía decir Christy.

—¿No hay dinero? —respondía Brady.

—Sí, ese es el detalle —concluiría ella mientras ambos reirían.

Cuando bajó la marcha, Christy vio a alguien más con Jones. No, concluyó, había dos personas más. Al acercarse, la débil luz ligeramente amarilla de los faros iluminaron a esas personas, quienes ahora se volvieron hacia ella. Christy se sorprendió al ver a Sealy y Baker. La fotógrafa estaba desconcertada por la aparición de la pareja. *Creí que él necesitaba ayuda.*

Mientras detenía el pequeño bus en el puente, la naturaleza naturalmente entusiasta de Christy comenzó a despertar. A pesar de la hora, no pudo resistir hacer sonar la bocina. Como siempre hacía, dio al volante dos rápidos jalones y el curioso y pequeño vehículo respondió. Ella no observó el ceño fruncido de Baker al haberse asustado y casi caer al agua. Christy salió del microbús.

—¿No es graciosa o algo así esa bocina? Suena como el correcaminos. ¿Recuerdan? ¿En las tiras cómicas?

Sí, la recordaban, y claro que era graciosa. *También son las tres de la mañana* —pensó Sealy, y luego se preguntó—. *¿Qué rayos estamos haciendo? Ni siquiera en la universidad hice cosas como esta.* Jones había llamado y despertado a los Larson solo media hora antes. Ellos ya estaban tan agradecidos con él que ni siquiera cuestionaron su extraña solicitud de reunirse a esa hora. Encontraron linternas según el anciano había instruido, apiladas en uno de los autos, y habían venido directo al puente. Jones le había mostrado a Baker dónde estacionar, y lo único que dijo fue que Christy llegaría pronto y que estarían de regreso a casa «en poco tiempo».

—Todos adentro —ordenó Jones y aplaudió—. Vámonos, ahora. Christy, haz girar este correcaminos. Nos dirigimos de vuelta por donde viniste.

Sealy y Baker entraron por la puerta lateral. Christy subió al asiento del conductor y esperó a que Jones saltara al otro lado. Él había desaparecido brevemente por debajo del terraplén y bajo el borde del puente. Al regresar al microbús, Jones golpeó con los nudillos en la puerta del otro lado que ya se había cerrado. Cuando Baker la abrió, el anciano le puso algo grande en las manos.

—Tira eso en la parte trasera, por favor —pidió Jones, y Baker lo hizo, dándose cuenta de que fuera lo que fuera al tacto, aquello se sentía bastante áspero, pero que era elástico y del tamaño de una bolsa de basura—. Y estos también, por favor. Quizás debas pasarlos por debajo de tus piernas y pies para que entren.

Christy oyó gemidos de Baker y risas de Sealy mientras tres palos largos eran cargados en la oscuridad. Baker no podía ver realmente qué eran. Más livianos y quizás un poco más largos, pensó, pero casi tan grandes como tacos de billar.

—Una última cosa —expresó Jones, y Baker agarró el objeto y lo colocó detrás de él.

Se trataba de una mochila de lona de tamaño mediano; su superficie era suave y la agarradera era una sola correa. *Esto* —pensó Baker—, *es tan extraño como Jones*. También notó que el bolso era más bien liviano. Es más, pensó que estaba vacío. Hasta que sonó un ruido metálico adentro.

Para cuando estaban en camino, para cuando Christy había vuelto a la carretera 98 y había girado a la izquierda, Jones ya les había contestado las preguntas más urgentes.

—Primera, no les voy a decir; segunda, aproximadamente treinta minutos; y tercera, cebollas —fueron las respuestas.

La tercera contestación fue en respuesta a las risitas de las señoras cuando Baker había preguntado.

—¿Qué es ese olor?

Jones explicó que el artículo blando que Baker había lanzado en la parte trasera era un saco de malla plástica extra grande que se usa para cargar cebollas lleno con más sacos extra grandes de plástico. Cuando le preguntaron por qué diablos alguien podría necesitar sacos plásticos a las tres de la mañana, Jones se volvió a referir a la respuesta número uno.

—Puesto que estamos a treinta minutos de donde vamos —expresó Baker—, ¿les importa si hacemos algunas preguntas?

Hemos estado hablando en el apartamento y tenemos curiosidad respecto a algunos aspectos.

—Por supuesto —replicó Jones—. No hay problema.

—¡Yo primero! —gritó Sealy, provocando risas en Christy ya que era atípico que Sealy reaccionara de este modo—. *Por favor*, hable más respecto a su referencia a pensar de modo apropiado. ¿Le importa? Eso parece estar en la raíz de todo lo importante, y Baker y yo tenemos hijas... adolescentes, usted sabe, y creemos que debemos explicarles la idea de pensar correctamente.

—Lo haré —contestó Jones—. Y tienes razón. Mientras más expliquen la idea, más clara se volverá para todos ustedes. Y en ese momento la implementación y el acuerdo en sus familias con relación a comportamientos, definitivamente una norma, basados en una gran manera de pensar, conducirán a que gocen de armonía y a mayores niveles de logro.

—¿Nos dará otra clase? —preguntó llanamente Sealy.

—Sealy, me honra que hayas encontrado valor en nuestro tiempo juntos —replicó el anciano sonriendo con aprecio—, pero gran parte del motivo de concluir la clase es permitirles aprender y crecer a un ritmo mucho más rápido de lo que han estado creciendo últimamente.

—Espere. Sé que esta es la pregunta de Sealy —intervino Christy—, sin embargo, ¿qué significa eso? He crecido y aprendido más en las dos últimas semanas que... bueno, que nunca antes.

Baker asintió, pero Jones no dio marcha atrás.

—Muchas veces una persona llega a depender de un profesor o de una clase que ha llegado a disfrutar o valorar. Eso a menudo desacelera su progreso, aunque pocos reconocen alguna vez los aspectos negativos de enamorarse de algo que funciona.

—¿Cómo puede ser un aspecto negativo enamorarse de algo que funciona? —cuestionó Baker.

—Bueno —expresó Jones—, piénsalo de este modo: cuando un niño asiste a su primera búsqueda de huevos de Pascua, un adulto debe llevarlo de la mano. En esta actividad particular el adulto es un instructor calificado y bien informado, y enseña al agradecido chiquillo exactamente dónde buscar y cómo están escondidos los coloreados óvulos.

»El niño está participando en un proceso que *ya* está pagando grandes dividendos. Ha hallado algo que funciona. *¿Por qué debo cambiar alguna cosa en esto?*, podría pensar, y desde su perspectiva esa pregunta parece totalmente razonable. Después de todo, ¡el pequeño mira únicamente los huevos en su canasta!

»Sin embargo, allí es precisamente cuando un maestro sabio se aleja. ¿Por qué? Por el mayor beneficio del estudiante. Desde luego que un maestro podría acceder y estar de acuerdo en llevar al niño de la mano hasta que todos los huevos se hayan encontrado. Pero un maestro *sabio* entiende que el niño que corre libre, sin la limitación incluso del maestro más sabio, ahora puede obtener éxitos más grandes por su cuenta. El niño tiene más energía que el maestro, un interés mayor en huevos de colores que el instructor, y más deseos de correr durante horas de los que el adulto podría esperar siquiera exhibir, motivado por la posibilidad de conseguir el premio final: un huevo dorado.

»Ustedes podrían sentir que la clase fue incompleta... a lo cual yo contestaría: "¡Por supuesto que lo fue!". Cuando un maestro cubre todos los aspectos del tema, esto puede llevar al agotamiento del estudiante, amortiguando lo que pudo haber sido un entusiasta esfuerzo por aprender más. Tristemente, a menudo eso acaba con la posibilidad de que el alumno experimente la manera más pura de aprender».

—Muy bien, pregunto —interrumpió Baker—. ¿Cuál es la manera más pura de aprender?

—La manera más pura de aprender —repitió Jones—, la realiza quien sigue la búsqueda más allá del aula, impulsado por una pasión para discernir sabiduría. La sabiduría, la verdad genuina, contiene la clave para refinar nuestro pensamiento.

»Como pueden ver, en nuestra clase particular de crianza el logro más importante fue la lista de resultados, porque esas veintiún conclusiones muestran claramente el objetivo combinado al que debe apuntar la búsqueda de ustedes más allá del salón de clases. Si consultan esa lista y la usan para formar su modo de pensar como padres, producirán semillas de sabiduría que no solo llevarán fruto a la vida de sus familias, sino que también se podrán sembrar en los corazones y las mentes de otros.

»Una semilla, cuidada con esmero, contiene en su interior el poder para cambiar el mundo, porque esa simple simiente puede producir una cantidad innumerable y creciente de semillas igual de valiosas.

»Por otra parte —continuó irónicamente—, si fueran a seguir esperando las noches de jueves para ir a oír lo que un anciano piensa acerca de la crianza de los hijos, podrían andar vagando por ese material mucho después que sus hijos hayan crecido y se hayan ido».

—¿Podría regresar al tema del pensamiento correcto, por favor? —pidió Sealy.

—No lo he olvidado —contestó Jones mirando la carretera al frente para determinar dónde se hallaban, antes de continuar—. La manera en que una persona piensa es la clave para todo lo que sigue después, bueno o malo, éxito o fracaso. El pensamiento de un individuo, el modo en que piensa, es la estructura básica sobre la que se construye una vida. El pensamiento guía las decisiones. El pensamiento, es decir cómo piensa una persona, determina todo lo que esa persona elige.

»Las escogencias y las decisiones crean acción. Acción es lo que se hace o dice. Acción es *cuando* se hace algo *y* cuán bien o cuán a menudo se lo hace. Acción es lo que una persona *dice* y *a quién* se lo dice, y con qué *tono de voz* lo hace. Acción, en este sentido, cubre casi todo, excepto parpadear y respirar. Hasta dormir es para la mayoría una acción que se elige».

No hubo comentarios, y Christy parecía estar completamente despierta al volante.

—Las acciones, sin excepción, llevan a resultados —continuó el anciano—. Las acciones de un individuo llevan a buenos resultados, a malos resultados, y a ningún resultado. Y no olviden que «nada» es un resultado real. El pensamiento que escoge nada como una acción lleva a un resultado de... digan conmigo...

—¡Nada! —contestaron todos en voz alta, y Jones se asombró de la energía y el entusiasmo que ellos conservaban aun en medio de la noche.

—Muy bien —continuó él—. Los resultados logran ir más allá de la presencia física de una persona. Nunca desaparecen, sino que se apilan y se arrastran como una nube, formando un anillo invisible alrededor de esa persona. Por cierto, este círculo de resultados funciona del mismo modo para una empresa, una familia o un equipo. El círculo puede ser magnético, seductor y atractivo. O puede actuar como una cerca, un muro o una barrera. Tenemos un nombre para ese círculo. Se le llama reputación.

»Algunas personas y empresas tienen círculos a su alrededor (reputaciones) que atraen oportunidades. Otras tienen círculos alrededor (reputaciones) que repelen oportunidades. Un solo resultado casi nunca crea una reputación, ya sea esta buena o mala. La mayoría de círculos invisibles (reputaciones) se establece con el tiempo y por repetición.

»Curiosamente, ni la regulación gubernamental ni el atractivo de sentimientos compasivos pueden eludir la ley natural forzando éxito en una vida rodeada por un círculo de reputación desperdiciada. El éxito se puede jalar pero no empujar. Se puede atraer y recibir, pero no se puede exigir ni forzar.

»Una persona tampoco se puede saltar parte del proceso. Después de las *acciones* que *resultan* en escándalo o pérdida, un individuo podría declararse alguien diferente y hasta cambiar por un tiempo lo que hace. Pero su cimiento no se habrá reparado... si su *forma de pensar* no ha cambiado es inevitable que vuelvan a aparecer los *resultados* producidos por *acciones* que se han determinado a través de *decisiones*. El pensamiento de una persona es lo que ella es. No hay manera de evitarlo.

»Ustedes podrían preguntar: "Bien, ¿por qué ese individuo no tiene más opciones?". A menos que comprenda la sabiduría, hasta el punto en que su forma de pensar cambie de veras, lo más probable es que no se le ofrezca una gran oportunidad —explicó Jones, e hizo una pausa—. Bueno, no estoy analizando si alguien merece otra oportunidad. Simplemente estoy exponiendo por qué es más difícil tener una tercera oportunidad, o una cuarta, o más, ¿está claro?».

Todos indicaron que entendieron, así que el anciano continuó.

—He aquí la razón: cuando con el tiempo se ha establecido una mala reputación, quienes están en posición de ofrecer otra oportunidad a esa persona están muy conscientes de la calidad de *pensamiento* que la llevó a tomar *decisiones* necias, que a su vez condujeron a *acciones* inaceptables que crearon los terribles *resultados* que establecieron la mala *reputación* en primer lugar.

»Permanezcan conmigo ahora... Las personas que están en posición de ofrecer una oportunidad a alguien más, por lo general están en esas posiciones debido a sus sólidas *reputaciones* (creadas por excelentes *resultados*, obtenidos continuamente) debido a *acciones* productivas puestas en marcha por sabias *decisiones* que se hicieron posibles por una buena *manera de pensar*.

»Y aquí es donde el asunto se pone realmente interesante. Las personas que están en posición de brindar oportunidades a otros, evidentemente lograron ese nivel de influencia debido a un buen *modo de pensar*, ¿correcto? Pues bien, una parte importante del buen *modo de pensar* (sin duda la clase de pensamiento que ustedes desean desarrollar en sus hijos) es la sabia *decisión* de no asociarse con alguien que ha dedicado tiempo a desarrollar una mala *reputación* en primer lugar».

Jones observó la carretera.

—Christy, debes virar aquí a la izquierda sobre la 32. Miren, terminando este tema, me estremezco cada vez que oigo a alguien decir: «Todo sucede por alguna razón».

—¿Por qué es eso? —quiso saber Baker.

—Ah, porque es bastante cierto, supongo —contestó Jones suspirando—. Es simplemente que a veces, la *razón* de que algo suceda se debe a que el *modo de pensar* de la persona está desequilibrado, ¡y a que tomó una *decisión* estúpida!

Todos rieron a carcajadas, pero Jones los calló con algunas de sus preguntas.

—¿Christy? ¿Qué tan cerca estás económicamente de conseguir la cámara que necesitas?

—He ahorrado algo —respondió ella—. Sin embargo, me faltan ochocientos dólares. No lo suficientemente cerca.

—Esa es una cámara especial —declaró Baker después de silbar.

—Es la que Christy obtendrá —le dijo Jones—, es la parrilla extra grande de cerámica tipo Kamado del mundo de la fotografía.

—¡Entiendo! —exclamó Baker—. Entiendo totalmente. Tú quieres lo mejor. Debo idear alguna manera de conseguir dos parrillas más y construir mi remolque de servicio de comidas.

—¿Cuánto? —preguntó Jones.

—Dos mil quinientos, aproximadamente —anunció, y se volvió a Sealy—. Sin embargo, debemos hacer algo aprisa por ti.

Entonces el hombre volvió a mirar a Jones.

—Sealy necesita aproximadamente mil quinientos para empezar con los almácigos de flores que contrató. Estamos en una situación difícil, pero venderé algo, supongo. Tal vez tendrá que ser nuestra ropa —se burló Baker, y nadie reaccionó—. Se suponía que eso fuera una broma, pero esto tampoco es para mí algo gracioso.

Ellos estaban cansados, y las risas no surgían con facilidad.

—Justo aquí, Christy —anunció Jones—. Esta es la carretera secundaria 3. Curva a la izquierda en Battles Road.

—¿Dónde estamos? —preguntó Sealy sin recibir respuesta—. ¿Alguien sabe?

Siguió sin haber respuesta. Entonces Sealy intentó el enfoque directo.

—Jones, ¿sabe *usted* dónde estamos?

—Sí señora, lo sé —contestó él, pero no añadió más.

—Eso me basta —replicó ella, bostezando—. Vaya... manténganme despierta, criaturas. ¿De qué deberíamos hablar ahora? ¿Jones?

El anciano no contestó pero miró la carretera y después el cielo.

—Se está acabando el tiempo —declaró.

Nadie estaba seguro de qué quiso decir, y estaban cansados, así que por el momento se hizo silencio en la pequeña furgoneta. Las llantas zumbaban, y el marco de luz se agitaba. Los tres se quedaron en silencio, pensando en sus familias y en el futuro de sus hijos.

—Battles Road, Christy —anunció Jones en voz baja—. A la izquierda aquí.

Christy giró.

—El próximo giro es muy pronto. Tomarás a la izquierda en Twin Beech Road.

Nadie hablaba aún. Christy manejaba mucho más despacio. Cuando giraron sobre Twin Beech vieron casas cerca de la calle. Muy pocas luces estaban prendidas en aquellas casas, pero un farol ocasional revelaba un vecindario menos próspero de los que abundaban en el condado Baldwin, y eso incluía el pequeño apartamento donde ahora vivían Baker y Sealy.

¡Vaya! —pensó Baker—. *Ni siquiera sabía que este vecindario estuviera aquí y que este se encontrara... ¿a qué... tal vez a quince minutos de donde vivimos? No volveré a quejarme de un apartamento de novecientos metros cuadrados.*

Baker siguió observando mientras pasaban casa tras casa con cimientos colapsados, o los suaves rayos de una luz nocturna, o el brillo de un reloj a través de hendeduras entre tablas. *Hoyos en las paredes exteriores... ¿Cómo calientan ese lugar? ¿O cómo lo enfrían?* —se preguntó él antes de entender—. *O quizás no lo hacen. ¡Uf! Ahora estoy volviendo a alinear mi manera de pensar.*

Entonces le vino otro pensamiento. *Espero que Sealy esté viendo esto. No estamos malditos. Somos bendecidos... somos afortunados. Está bien, muchacho Baker. He aquí tu nueva perspectiva: tu familia está viviendo en un apartamento de lujo. Por favor, Dios, asegúrate de que yo recuerde esto...*

—Aquí, Christy —declaró Jones en voz baja—. Estaciona debajo del gran roble.

Mientras la furgoneta salía de la carretera, sus débiles luces iluminaron un roble con ramas que se extendían casi hasta el suelo. Al vivir en la región, también reconocieron el sonido de conchas de ostra que crujían y se reventaban debajo de las llantas. Esto no era tan común como había sido en décadas anteriores, pero aún había algunas antiguas callejuelas y algunos caminos arbolados «pavimentados» de conchas peladas y desechadas.

El microbús crujió hasta detenerse casi al mismo tiempo que la mano de Christy le voló hacia la boca. Sealy también abrió la suya.

—¿Qué diablos...? —exclamó Baker, tratando de ver alrededor de Jones e interrumpiéndose.

El anciano abrió su puerta riendo entre dientes. Los demás no le siguieron los movimientos pues tenían los ojos y la imaginación centrados en una tabla una vez blanca que colgaba torcida de las ramas del roble. Las luces amarillentas irradiaban extrañas sombras más allá de la tabla, revelando más de lo que cualquiera de ellos deseaba ver.

Jones ya estaba fuera del vehículo y golpeó la ventanilla, haciendo que todos se sobresaltaran.

—Dense prisa —dijo en voz baja—. Vamos.

—No gracias —expresó Christy—. De veras. Estoy bien.

Ninguno de ellos se movió. Pero volvieron a mirar la tabla que se bamboleaba suavemente en la brisa. *Cementerio de Twin Beech* —decía—. *Fundado en 1817.*

Dieciocho

Baker y Sealy salieron a gatas de la furgoneta. Christy se quedó dentro.

—Vayan ustedes —les hizo saber—. Me *quedaré aquí.*

Era un callejón sin salida.

—Está bien entonces —expuso Jones después de un instante de vacilación—. Regresaremos en un par de horas.

Con la mochila de lona en la mano derecha, los sacos de malla plástica debajo del brazo izquierdo, y las varas debajo del derecho, el anciano atravesó la puerta de una cerca blanca. De mala gana Baker y Sealy se volvieron para seguirlo.

—¡Ah no, no harán eso! —exclamó Christy apeándose del vehículo—. Ustedes no van a dejar*me* aquí.

Con tanta indignación como pudo generar, la mujer cerró de golpe la puerta lateral.

—Esto es una locura —musitó pasando junto a los Larson y, con las sandalias chasqueando en indignación marchó directamente hacia Jones y preguntó—. ¿Puedo tener uno de esos palos, por favor?

Sin decir nada, el anciano le pasó una vara, y con ella Christy golpeó el suelo un par de veces, sintiendo el peso del objeto antes de azotar un roble.

—¡Ja! —gritó, mientras el grupo trataba de no reír, entonces Sealy resopló de la risa cuando Christy le dijo a Jones—. Estoy lista. Guíenos.

Luego blandió el palo ante el grupo.

—Golpearé a un fantasma en la cabeza con esto. Muchachos, lo *mejor* es que ustedes se mantengan cerca de mí.

Ellos estaban tan cansados que apenas podían ver bien, y reían tan fuerte que apenas podían caminar. Sin embargo, con linternas, una lámpara de gasolina, un anciano como guía, y protegidos por una mujer con un palo, los cuatro lograron atravesar sin incidentes el cementerio de Twin Beech.

Jones los había llevado al fondo del pequeño camposanto. Estaban riendo cuando se reunieron alrededor del anciano. Más de una vez Christy había arremetido contra nada con su vara, diciendo: «¡Ja!». Siguió siempre esa acción con un grito de ánimo y un comentario. «Ustedes muchachos están seguros —diría ella—. Lo están haciendo bien. Solo manténganse caminando. *Mantééénganse* caminando. Todos están bien. Lo hacen realmente bien. Ya casi atravesamos, y ustedes muchachos podrían afirmar que tienen suerte de tenerme con ustedes. Baker, hazme saber si debo pelear con un zombi o algo así. No tengas miedo, camarada. Te guardo las espaldas».

Se detuvieron ante una abertura en la cerca, y Jones entregó una vara a cada uno. Baker se había ofrecido a llevar los sacos plásticos, la mochila de lona o lo que fuera, pero el anciano había rehusado. Ahora Baker examinaba la vara al brillo de la linterna. Era bambú resistente, curado e inflexible. Pero la mujer estaba mirando hacia la densa área boscosa más allá del cementerio.

—¿Vamos a ir en *esa* dirección? —inquirió de pronto Christy abandonando el buen humor.

—Sí —contestó Jones con una sonrisa—. Y será un viaje que valga la pena. Síganme.

Entonces entró a la arboleda.

—Jones, espere —rogó Christy, y puesto que él no había esperado y más bien siguió adelante, preguntó en voz más alta—. ¿Para qué son los palos?

—Ya lo verán —manifestó el anciano por sobre el hombro pero sin detenerse—. Sin embargo, no los pierdan; por ahora úsenlos para golpear el suelo frente a ustedes mientras caminan. Eso hará que las serpientes salgan del camino por donde vamos.

Sealy miró a Christy, cuya única reacción fue encoger los hombros. Mientras seguían adelante en la oscuridad, Christy no pronunció otra palabra más. Baker pensó que eso era divertido. *Ella en realidad está asustada ahora* —concluyó.

Pasaron algunos minutos antes de que el apretado grupo comenzara a separarse un poco. Jones estaba poniendo un ritmo rápido. Había barro, agua, matorrales y musgo. Pinos caídos, restos de huracanes y tormentas tropicales, todo eso estaba lanzado en un enredo que obstaculizaba cada giro que hacían. Lo peor de todo era que las serpientes realmente parecían ser una amenaza. Sin duda pensaban en serpientes de agua mientras caminaban bajo, sobre, y a través de terreno pantanoso como ninguno de ellos había experimentado alguna vez.

Había enormes e incontroladas enredaderas entrelazadas con espinas afiladas. Estas se hallaban en lo alto de los árboles, a través de los arbustos, y creciendo a lo largo del suelo. Todos ellos resultaron con arañazos en varios lugares, y Sealy había recibido un corte particularmente molesto debajo del ojo izquierdo. Los pies de Christy sangraban, lo que provocó que Sealy le pusiera un brazo alrededor de la cintura mientras atravesaban un terreno lleno de cactus. Las sandalias de Christy no la protegían mucho.

Los tres estaban teniendo dificultades en mantener el paso del anciano, quien parecía ajeno a sus dificultades. Apenas lograban verlo. Estaba oscuro, por supuesto, y la luz de él se dirigía al frente, lejos del grupo.

—No queda mucho tiempo —le oyeron decir desde el frente—. No se detengan.

A ninguno de ellos le había gustado esto desde el principio. Sin embargo, ahora estaban molestos y a punto de enojarse.

Christy trepaba sobre el tronco de un árbol cuando Baker gritó. Él había pisado un hoyo y se había torcido el tobillo. Fatal, pensó ella, ya que la mirada en el rostro de él lo indicaba. El hoyo había estado cubierto con pasto y maleza, y prácticamente había sido indetectable. La joven mujer era la única bastante cerca para ayudar. Sealy estaba adelante, pensó Christy, pero imaginó que regresaría para ayudar a su esposo.

Christy ya estaba agotada, y para cuando llegó a los pies de Baker también se encontraba mareada. Al parecer ahora él debería apoyarse en su amiga para salir de aquí. *¿Dónde está Sealy?* se preguntó ella. Christy no lograba ver otra luz que no fuera su propia linterna. No veía la de Sealy. Tampoco la de Jones.

Baker concluyó que no podía caminar y se recostó en el suelo. Tratando de no llorar, Christy se unió a Baker en el suelo y no pudo contener las lágrimas. Estaba embarrada, sangrando y agotada en todo sentido de la palabra.

Cuando Baker comenzó a pronunciar el nombre de su esposa, Sealy se guió por el sonido. Finalmente los encontró y, respirando con dificultad, se apoyó contra un árbol. En ese momento, si alguien les hubiera dicho que habían dejado el cementerio solo veinte minutos antes, ninguno lo hubiera creído.

—¿Dónde está Jones? —preguntó Sealy.

Baker meneó la cabeza. No tenía idea del paradero del anciano, y no la tuvo por un rato. A menos de cien metros, Baker se había enredado el brazo en afiladas espinas. Los profundos rasguños obviamente no eran sus únicas heridas, sino solo las primeras, pero él no había visto a Jones después de eso. Baker trataba de controlar su creciente ira, pero estaba a punto de dejar de intentarlo.

—¿Nos dejó él aquí? —gritó Christy—. Soy una estúpida. Nunca debí haber hecho esto.

—¿Cuál es el camino de vuelta? —preguntó Sealy—. Voy a dar media vuelta ahora...

—Por allá —anunció Baker señalando a la derecha—. Ha habido un viento del este durante dos días. Estaba a nuestras espaldas cuando salimos del cementerio.

—¿Crees que Jones esté perdido? —investigó Christy.

—No —respondió Baker—. No lo creo.

—Tienes razón —se oyó una voz desde la oscuridad, y cuando voltearon a ver, Jones estaba a menos de tres metros de ellos.

La linterna del viejo debió haber estado en su bolsillo porque estaba muy cerca y sin embargo no lo habían visto. Hubo comentarios generales de los tres, pero no fue una alegre bienvenida. Se sentían aliviados de que él estuviera allí, pero no estaban seguros de estar felices con el hombre.

—¿Cuánto tiempo ha estado aquí? —exigió saber Sealy—. ¿Cuánto tiempo ha estado parado aquí?

—Todo el tiempo —admitió Jones.

—Eso no es verdad —objetó Christy en tono acusador—. Usted nos dejó solos aquí.

—No, no es así —replicó el anciano—. Yo estaba cerca. Siempre estoy cerca.

—Eso es lo mismo que me dijo la otra noche —observó Christy.

—Tienes razón —manifestó Jones—. Es exactamente lo que te dije la otra noche.

El anciano esperó que alguien más hablara. Como ninguno lo hizo, despejó un lugar en el suelo y se apoyó en una rodilla.

—Así que... ¿qué van a hacer? —preguntó, pero aún no hubo respuesta—. Quizás ahora sea el momento de renunciar y volver por donde vinieron. Con seguridad saben qué hay detrás de ustedes. No puede haber nada peor que eso... Por otra parte, no tienen idea qué hay por delante.

Inclinó la cabeza y sonrió de modo misterioso.

—Y podría ser *mucho* peor. De veras, ustedes no saben si este caos espinoso durará cinco minutos más o cinco horas más.

Entonces se enderezó y se dirigió a los tres.

—Como dije, ustedes nunca estuvieron solos. Es más, mis ojos han estado sobre ustedes en todo momento. Hace menos de treinta minutos, cuando comenzó esta parte particular de su viaje, ustedes estaban tan cerca de mí que si lo hubieran pedido les habría tendido una mano o incluso los habría cargado.

»Al principio les pedí que hicieran una cosa. Cuando entraron a lo desconocido emití una sencilla, muy sencilla instrucción. Esa instrucción, por casual y poco importante que les pudo haber parecido hace media hora, sigue ahora siendo el componente crítico que determinará el futuro de ustedes, el cual empieza con el éxito o el fracaso de la aventura de esta noche».

Jones miró atentamente a las tres personas delante de él. Estaban lastimados y sucios, agotados y recelosos. Sin embargo él los amaba aunque, como habían hecho esta noche, no le hicieran caso o rechazaran sus esfuerzos por ayudarlos. Con una sonrisa paciente el anciano simplemente explicó el sendero que habían escogido y los resultados inmediatos que esa decisión había producido.

—Al hacer caso omiso a mi instrucción, de manera natural sus mentes se alejaron de la seguridad que puede brindar el sabio consejo. Por supuesto, sus acciones físicas siguieron al instante, y así de rápido —advirtió Jones chasqueando los dedos—, se metieron en problemas.

»La oscuridad exige una enorme cantidad de atención de parte de alguien que no está preparado ni protegido. Poner atención a la oscuridad produce duda. Cuando una persona está distraída o debilitada por las luchas, la duda le susurra un mensaje instándole lógicamente a rendirse. Pronto, el enfoque de esa persona se halla en su propia incomodidad, en su temor y su ira, en su arrepentimiento y resentimiento.

»Eso es precisamente lo que les ocurrió —observó Jones—. "Síganme", manifesté. Esta fue mi única petición. Al no hacerlo, ocurrió lo inevitable, y me perdieron de vista por completo. A ustedes les pareció como si yo no estuviera por ninguna parte. No obstante, aun entonces, si solo se hubieran detenido para pronunciar mi nombre, yo les habría hecho saber mi presencia, y la visión, visión que ve incluso en la oscuridad, les habría regresado».

Sin apartar la mirada de ellos, Jones señaló en dirección a la bahía.

—Yo sé muy bien los planes que tengo para ustedes—les declaró—. Planes de bienestar y no de calamidad, a fin de darles un futuro y una esperanza.

El anciano levantó su mochila de lona.

—Por tanto, intentémoslo de nuevo, ¿quieren? Síganme —expresó y se volvió para irse.

Sin embargo, de modo increíble los tres aún vacilaron, mirándose nerviosamente unos a otros.

—¿A dónde vamos? —inquirió Baker.

—Hijo —comentó Jones suspirando—. Si salimos ahora mismo todo saldrá bien. Pero si sigues cuestionando todo lo que digo, no lograrás nada. ¿No es suficiente que sepas que yo no te despertaría en medio de la noche y te haría pasar por todo esto sin algún propósito?

Baker estaba adolorido. Su esposa sangraba. Christy no estaba en mejor condición.

—Jones... sencillamente no entiendo.

—Sí, lo sé —replicó el anciano—, pero es algo extraño que no hayas podido captar la situación... Mira, no te estoy pidiendo que entiendas. Simplemente te estoy exhortando a obedecer. Porque solo cuando obedeces es que finalmente comenzarás a entender.

Jones les hizo un gesto para que se acercaran. Cuando se reunieron en un grupo cerrado, el anciano señaló en dirección del viento.

—La bahía está allí. Ustedes no sabían lo cerca que estaban cuando renunciaron. Aún hay tiempo. Hay terreno más difícil para atravesar. Sí, antes de que salgan de esta selva podrían trastabillar y hasta caer. Pero escúchenme... podrían llegar a esa bahía aunque tengan que arrastrarse.

»Cada paso que den es un paso de fe. Si no pueden ver frente a ustedes, caminen, y solo crean. No se desesperen. Susurren palabras de oración. Y cuando lleguen allí... —observó meneando la cabeza y riendo suavemente; poniendo los brazos alrededor de ellos, los apretó y terminó lo que estaba a punto de manifestar—. Cuando lleguen allí, el milagro, prometo, estará esperándolos en el agua».

Con renovada determinación, y solo dificultades menores comparadas con lo que ya habían experimentado, los integrantes del pequeño grupo salieron del espeso bosque en solo unos minutos y se hallaron en una carretera. Deteniéndose brevemente para inspeccionarse entre sí con sus linternas, se asombraban de estar caminando.

—Parecemos escapados de una unidad de traumatismos —dijo Sealy.

Tan rápido como pudieron cojearon hacia Jones, cuya luz de linterna podían ver moviéndose a través de un terreno boscoso.

Cuando al fin llegaron a la bahía, Jones se arrodilló y abrió la mochila.

—Las varas, por favor —expresó—. Tan solo apúntenlas hacia acá abajo.

Mediante la luz de la linterna de Christy, Jones ató una punta afilada de alguna clase al extremo de cada vara.

—¡Vaya! Seguro que con esto atraparé un fantasma —exclamó Christy—. Ahora parezco peligrosa. ¿Con quién estamos peleando, Jones?

El anciano sonrió.

—Denles vuelta, por favor. Necesito el otro extremo— dijo simplemente.

Sacó armazones de alambre de la mochila de lona. Formados en círculo excepto por un lado plano, los armazones estaban entrelazados con una pequeña red blanca. Cada uno bien ajustado al extremo de la vara y colocado de manera opuesta a la punta afilada.

—¿Una red? —preguntó Baker—. Una red y una jabalina. Un artilugio muy curioso en medio de la noche.

—Ya no estás en medio de la noche, Baker —objetó Jones cerrando la mochila y poniéndose de pie—. Son las cuatro y treinta y nueve de la mañana.

Baker pulsó el botón de su reloj que iluminaba los números digitales. Vio que eran las 4:39 a. m. Jones vació en el suelo los sacos... bolsas de pesada malla de plástico.

—Cada uno de sus nombres ha sido escrito en las etiquetas de cinco sacos. Agarren el de cada uno y átenlo a la cintura o sobre un cinturón —instruyó—. El montón de extras quedará aquí, pero siempre asegúrense de usar el de cada uno.

—¿Usarlo para qué? —curioseó Sealy, pero no recibió respuesta.

—Jones —declaró Christy con temor—, ¿se supone que *entremos* al agua? Yo no puedo hacerlo, Jones. No sé nadar.

—Sí, quiero que todos entren al agua —respondió, pero su respuesta fue dirigida a los tres—. Entren ahora, por favor y sepárense. Dejen entre diez y quince metros entre ustedes. Aproximadamente hasta las rodillas será perfecto, y lleven consigo sus varas y sus luces.

Jones apartó a Christy y le puso la mano en los hombros. La mujer temblaba.

—Mírame, Christy —le dijo; ella lo hizo, pero las lágrimas en los ojos le dificultaban la vista—. Christy, estarás bien. El agua no será más profunda que la mitad de tus muslos. Sin embargo, para asegurarme de que te sientas segura entraré desde donde estás y te mantendré entre la playa y yo mismo.

Hizo un gesto hacia los Larson, quienes ya estaban entrando.

—Adelante.

Christy dio varios pasos inseguros antes de detenerse para conseguir un poco más de seguridad.

—¿Y estarás conmigo? —preguntó ella—. ¿En serio? ¿Estarás cerca?

—Siempre estoy cerca —contestó el anciano sonriendo y asintiendo con la cabeza.

Cuando los tres estuvieron en el agua, vadearon mirando pececillos y cangrejos ermitaños durante varios minutos, pero estaban agotados, adoloridos, y pronto se cansaron de lo poco divertido que esto era para comenzar. Jones estaba más allá de ellos con el agua casi hasta el pecho. No tenía su luz, pero sabían dónde se hallaba y, esta vez, no lo perdieron de vista.

El agua estaba tibia, casi caliente, y el viento del este no soplaba casi nada. La superficie de la bahía parecía de cristal, las únicas ondas las causaban tres personas de pie en la oscuridad con un pincho y una red.

—¿Jones?

—¿Sí, Christy?

—Me duelen los pies.

—Estarás bien.

—¿Jones? —se oyó otra voz.

—Tú también estarás bien, Sealy.

—¿Qué estamos haciendo aquí? —inquirió Christy—. Brady va a matarme. Me he unido al club de locos. Estoy tan loca como...

Entonces gritó. En cierto modo...

La singularidad vocal que brotó en ese momento de la garganta de la hermosa joven mujer fue lograda sin la más leve pausa para respirar. Es más, su grito pudo haber hecho reír histéricamente a los otros si no los hubiera desconcertado por completo.

El grito en sí era menos un «chillido clásico» que una «exhalación rara y ahogada de total sorpresa». Realizado en medio de una frase, sin la ventaja incluso de la más rápida respiración tomada para alimentar su sonido, en realidad el chillido extraño fue simplemente el eco que resulta de la clásica reacción exagerada, y habría sido una opción vocal más apropiada para acompañar el momento de la propia muerte espantosa de alguien.

—¡Christy! ¿Estás bien? —se oyó la voz de Sealy.

Christy se había alejado algunos metros saltando cuando gritó, creando enormes géiseres de agua. Si hubieran estado seguros de que un tiburón no había atacado, habría sido algo cómico. Christy estaba empapada, parada como una estatua, con la lanza en ristre, iluminada por dos linternas temblorosas y su antigua lámpara de gasolina. Baker y Sealy también estaban paralizados, inseguros de rescatar a su amiga o de huir para salvar sus vidas.

—¡Algo me golpeó la pierna! —gritó Christy, aún inmóvil.

De repente Sealy chilló y danzó en un rápido círculo.

—Hay cosas aquí abajo —anunció, inclinándose con su luz—. Veo algunas cosas. Están en mi pie. ¡Ay... tienen ojos brillantes! ¿Qué son esas cosas?

La atención estaba dividida en partes iguales entre Christy y Sealy hasta que Baker saltó.

—Muy bien, eso fue intenso. ¿Jones? ¿Qué está pasando aquí?

El hombre oyó la risita del anciano en alguna parte en medio de la oscuridad.

—¡Christy! ¡Ven acá! —gritó Sealy aún mirándose los pies—. Trae tu luz grande. Puedo ver estas cosas, pero no logro identificar qué son.

Titubeando, Christy se movió hacia Sealy, quien empujaba su red hacia cualquier cosa que estuviera viendo.

—Creo que es...

Antes de que pudiera terminar la declaración, una de esas cosas se movió rápidamente a través de la superficie del agua, entrando directamente en la red de la mujer.

—¡Es un camarón! —gritó—. ¡Baker! Atrapé un camarón. Es enorme.

—Sensacional —expresó Christy, quien acababa de llegar al lado de Sealy y alumbraba con la lámpara, que era mucho más potente que las linternas, hacia el interior de la red—. ¡Cielos! *Es* grandísimo.

—Christy, quédate quieta... Oh... Christy, mira —dijo Sealy agarrando la mano de su amiga que sostenía la lámpara y alejando lentamente la luz de la red blanca; Christy abrió la boca—. Los ojos son de camarones. ¡*Todos* esos son camarones!

Ella buscó alrededor a su esposo y lo encontró cuando oyó un chapoteo.

¡Muchachas! —exclamó Baker—. ¡Miren esto!

Arriba, fuera del agua y en el aire, Baker movía el extremo afilado de su vara y colgando de ella había un lenguado del tamaño de una bandeja.

—¿Qué clase de pez es ese? —chilló Christy a Baker—. Me están rodeando por todas partes.

—Es un lenguado, Christy —comunicó Baker—. ¡Atrápalos!

—¿Qué? —respondió ella, ahora no muy segura de si estaba horrorizada o no.

—Atrápalos con la red, muchacha —dijo Sealy blandiendo su vara—. Para eso es el extremo afilado. Es un lenguado. ¡Dios mío, miren cuántos peces!

—¡Es un jubilee! —gritó Baker—. ¡Mira! ¡Todo se dirige a la playa!

Lo era, y se dirigía a la playa. Más o menos en setenta metros de orilla, justo allí donde ellos se hallaban, el agua tranquila estaba literalmente comenzando a temblar. Había cangrejos azules mezclados con merluzas, pero lo que más vieron al principio fue camarón y lenguado. A los cinco minutos las criaturas marinas eran tan espesas alrededor de los pies de ellos que les era difícil caminar.

Los lenguados se acumulaban unos encima de otros, y Baker colocaba cuatro o cinco a la vez en el saco plástico atado a su cintura. Sealy y Christy no estaban teniendo menos éxito, y en realidad fue Christy quien arrastró el primer saco lleno sobre la playa. Rápidamente ató al cinturón otra bolsa marcada con su nombre y volvió corriendo al agua.

Sealy había desarrollado su propia técnica para capturar camarones. Puso la red al lado de sus pies, sosteniendo el palo firmemente con una mano en lo alto y la otra abajo en la red. Caminó lentamente haciendo que la red se arrastrara en el fondo, y para cuando se había movido dos metros, la red estaba llena. Sealy ponía más de cinco libras de camarón a la vez en su saco de malla plástica. A los veinte minutos, su primera bolsa estaba atada y llena con más camarón del que podría arrastrar fuera del agua sin ayuda.

Cuando comenzó el jubilee, Baker reconoció lo que estaba sucediendo y se lo dijo a su esposa y a Christy.

—Esta es una experiencia única en la vida, damas. Recuerden lo que están viendo aquí, pero trabajen mientras está ocurriendo. Los mercados de mariscos comprarán todo lo que podamos agarrar.

Ese fue todo el ánimo que ellas necesitaban. Vieron rayas, demasiado lentas para hacer daño, y cangrejos con tenazas tan grandes como piernas de pollo, tendidos en la superficie como si durmieran. Enormes cardúmenes de lisas, cientos de peces a la vez,

nadando en lentos círculos en la parte superior, besando la superficie del agua en busca del oxígeno que buscaban. Pero fueron los
camarones, extendiéndose en el fondo como una gruesa alfombra,
y los lenguados en quince centímetros de agua, apilados como pan-
queques gigantes, lo que los asombró.

Al despuntar el alba, trabajaron más rápido. Aun en el agua en
que estaban calientes bromeaban con Jones en cuanto a mantenerse
frescos en el agua más profunda. Tenían la intención de sacar el
mayor partido de una situación cuyo fin podría llegar en cualquier
momento. Había doce sacos llenos de camarón y lenguado apilados
en la playa.

—La marea está cambiando. Den todo lo que tienen. Esto no
va a durar mucho tiempo —anunció Jones.

La luz de la mañana aumentaba con cada minuto, y Christy
estaba tan cansada como nunca había estado en su vida. Cuando
Baker se tambaleaba para llevar otro saco en la orilla, se ofreció a
tomarle la lámpara de gasolina. Al principio ella no entendió, pero
él señaló con la red hacia los lenguados esparcidos alrededor.

—Mira. No la necesitas. Déjame ponerla con las bolsas —dijo
él.

Baker tenía razón, y todos desecharon rápidamente sus luces.
Sin la torpeza de dos manos haciendo tres cosas, se movieron libremente y mucho más rápido. Cuando el jubilee había comenzado
oyeron a Baker decir que los distribuidores locales de mariscos
comprarían todo lo que agarraran, y todos estuvieron trabajando
con un propósito.

Sealy recogió camarones y lenguado con Christy. Ambas mujeres estaban pensando en sus negocios y en la posibilidad de que este
milagro de la nada pudiera financiar sus inicios. Sin embargo, no
estaban exactamente seguras de que esto pudiera valer la pena, y
ninguna de las dos quería detenerse por un segundo para preguntar
a Baker si él sabía.

No habría importado. Baker tampoco lo sabía. Él había pescado toda su vida, pero nunca había vendido nada de lo que atrapaba. Siempre se lo comían de inmediato, lo ponían en la refrigeradora, o lo regalaban a amigos. Baker sabía que los mariscos eran caros en los restaurantes, pero no tenía la más remota idea de cuánto pagarían por un lenguado o por una libra de camarones frescos. No obstante, mientras ponía más lenguados en el saco en su cintura, sí pensaba en esas parrillas Kamado de porcelana y en cuán hermosas se verían en su cocina rodante.

Christy agarró camarones por lo que le pareció bastante tiempo, y ahora agarraba lenguado a un ritmo frenético. Pensaba en su cámara y en lo que podría lograr con ella. Aunque había fotógrafos por todas partes, el talento de ella era único. Sus fotografías ya habían ganado premios, pero Christy sabía que solo una cámara produciría las fotos que tenía en mente... y esa cámara era costosa. ¿Cuántos pescados cambiaría por una cámara? No lo sabía.

—¿Christy? —llamó en voz baja Jones—. Debes retroceder. Anda un poco hacia la playa. Asegúrate de estar en aguas menos profundas, sobre todo ahora. La corriente está acelerando con esta marea, y no querrás verte atrapada en ella.

Luego el anciano se dirigió a los otros en voz alta.

—Todo está comenzando a despertar. Creo que tienen menos de diez minutos para trabajar. ¡Fuércense un poco más!

Christy agradeció a Jones por la advertencia y se volvió hacia la playa. Aunque oficialmente el sol no había salido, había total claridad como a la luz del día, y estaban haciendo lo que el anciano sugiriera: lo que podían agarrar, mientras pudieran.

En poco tiempo los tres se apuraban tratando de capturar lo último de lo que podían ver. Hablaban con emoción de cómo las criaturas marinas parecían despertar ahora, sacudirse de su letargo, y salir pitando hacia aguas más profundas. Para asombro adicional de los tres, miraron los sacos apilados en la pequeña playa y todos coincidieron en que no habían cuantificado la cantidad de peces y camarones que habían estado debajo de sus pies durante la última hora y media. Pensaron que a cualquier persona le parecería que al final del jubilee había habido tantos lenguados y camarones en el agua como cuando comenzó.

Sealy y Christy estaban terminando. Después de atascar sus redes en la arena se pararon en treinta centímetros de agua cerca de la orilla, observando a Baker, quien estaba cerca merodeando y buscando un último lenguado.

—Baker —llamó Sealy—. Votamos; tendrás que ir a traer el microbús de Christy.

—Está bien —dijo Baker con la cabeza agachada—, pero voy a ir alrededor del lugar, no lo atravesaré... Aunque deba rodear el mundo, no volveré a pelear con la selva amazónica para conseguir ese bus.

Las damas rieron justo cuando Baker hacía su poderosa estocada con la red.

—Lo perdí —comentó él levantando la mirada con una gran sonrisa—. ¡Ja! Ese es el primero que se me escapa, ¡pero es el primero que he visto nadando a cien kilómetros por hora! Es todo, creo. Están despiertos y demasiado rápidos para mí.

Baker se unió al grupo en varias zancadas e hizo un gesto hacia los sacos de mariscos.

—¡Dios mío! —exclamó—. No sé cuánto tenemos, pero debo ir por el vehículo. Debemos poner esto en hielo o llevarlo a alguna parte. ¡Dios santo! ¿En qué ponemos a helar toda esta pesca? No hay suficientes hieleras en Fairhope para contener todo esto.

Poniéndose al lado de los sacos, Baker codeó a Sealy.

—Querida. ¿Estás segura de que deba ir caminando hasta el bus? Mi tobillo está...

—Tu tobillo estaba bien cuando corrías por toda la bahía, atrapando lenguados hace unos minutos —replicó ella.

—¿Chicos?

Ambos se volvieron y vieron a Christy caminando hacia ellos.

—¿Qué pasa? —preguntó Baker.

—Jones ha desaparecido —informó ella mirando alrededor—. Al menos yo... bueno, imagino que se ha ido. Cuando salió del agua se sentó allí.

Christy señaló.

—Él estaba justo allí.

Fueron hasta donde Christy lo había visto por última vez escudriñando la playa de arriba abajo, pero Jones no se veía por ninguna parte.

—Tal vez fue a traer el bus de Christy —declaró Baker.

—No —objetó Christy sacando las llaves del bolsillo—. Me habría pedido las llaves.

—¿Se fue caminando al pueblo? —inquirió Sealy—. ¿Quizás fue a conseguir hielo?

—Bueno, sea lo que sea —dijo Baker—. Tenemos que conseguir hielo, y es mejor hacerlo ahora.

De pronto se detuvo mirando fijamente hacia algo que se hallaba en la costa desde donde estaban.

—¿Lo ves? —preguntó Sealy emocionada.

—No cariño —contestó Baker mirándola, y luego volvió a fijar la vista en la playa—. Ahora a plena luz del día creo saber dónde estamos.

El hombre señaló con el dedo.

—Estoy casi seguro de que esa es la casa de Jack Bailey. Escuchen, quédense aquí ustedes dos. Si pueden, traten de poner un poco de agua en esas bolsas de camarones y lenguados. Yo correré y reclutaré a Jack. O al menos usaré su teléfono.

Baker comenzó a caminar por la arena en dirección a la casa de los Bailey. Había caminado solo treinta metros más o menos cuando se volvió.

—¡Hey! —gritó—. No se preocupen por Jones. ¡Él regresará pronto!

Diecinueve

L a mayor parte de días despierto temprano, a menudo antes
del amanecer, pero cuando mi celular sonó ese lunes por la
mañana, aún me hallaba en cama. Sin embargo, el teléfono estaba
en una silla al otro extremo del dormitorio, y no estaba seguro
dónde se hallaba. Aturdido y medio dormido no sabía cuánto
tiempo había estado sonando, y de todos modos no me sentía inclinado a contestar. Rodé y esperé que el ruido se detuviera. Cuando
lo hizo, miré el reloj. Eran casi las ocho y treinta.

El teléfono volvió a sonar. ¿Por qué me hallaba aún en cama?
Profundamente fatigado y habiéndome visto obligado a entrar en
conciencia, mis pensamientos eran confusos, pero retrasos de viajes
y un vuelo cancelado se esclarecieron rápidamente. Estuve varado
en Atlanta la noche anterior, debí alquilar un auto y conducir seis
horas hasta Orange Beach, y me acosté exactamente antes de la
cinco esa mañana.

Me hallaba solo. Era evidente que Polly había llevado a los
chicos a la escuela y me había dejado durmiendo. Me cruzó la
mente el pensamiento de que yo *aún* estaría durmiendo si hubiera
apagado el teléfono. Ahora sonó por tercera vez. Finalmente, gracias a Dios, se detuvo... y casi al instante comenzó a sonar otra
vez.

Pateé las cobijas un poco más agresivamente de lo acostumbrado y me tambaleé a través de la alcoba hacia el teléfono. Al

no reconocer el número mostrado en la pantalla, dudé el tiempo suficiente para que dejara de sonar. Al no confiar en que quien llamaba en manera tan horriblemente persistente y misteriosa fuera a renunciar, esperé y, como era de esperar, el aparato volvió a sonar.

Está bien, está bien, usted gana —pensé, y contesté a regañadientes.

—¿Sr. Andrews? —preguntó una voz femenina.

Lo siento, usted primero —pensé.

—¿Quién llama, por favor?

—Soy Mary Chandler Bailey. ¿Eres Andy?

¿La esposa de Jack Bailey? ¿De qué se trata esto?

—Sí, soy yo —contesté.

Ella debió pasarle inmediatamente el teléfono a Jack porque la voz del hombre fue lo primero que oí.

—¿Andy?

—Sí, Jack... ¿cómo estás?

—Estoy bien, pero nuestros compañeros están en un pequeño apuro. Espero que no te importe, pero Sandy Stimpson me dio tu número.

Esto era extraño. Yo solo había visto a Jack un par de veces y apenas lo conocía.

—No hay problema —dije— ¿Qué pasa? ¿Qué compañeros están en apuros?

Después Jack me dio un breve resumen de lo que pasaba, me puse unos pantalones cortos y una camiseta, escribí una rápida nota para Polly, y salí de casa.

Poco menos de una hora después me hallaba sentado en un tronco esperando a Jack Bailey. Estaba seguro de que este era el lugar donde se suponía que nos encontráramos; no obstante, ¿dónde estaba Jack?

Tres personas se hallaban agrupadas lejos de la playa donde yo seguía esperando. Estaban demasiado lejos como para reconocerlos, pero creí estar seguro de que se trataba de los Larson y Christy Haynes.

Al oír una voz detrás de mí, me paré y vi a Jack Bailey acercándose, hablando por su teléfono celular. Terminando la llamada para cuando se me acercó, Jack sonrió y me extendió la mano.

—Perdón por dejarte esperando.

—No hay problema —dije, estrechándole la mano, y vi que su mirada se movió hacia los tres reunidos en la playa—. Nada pasa de lo que pueda darme cuenta.

Jack asintió con la cabeza.

—Nuestra casa está exactamente allí —señaló él—. Siete... ocho lotes de distancia... si prefieres, podemos dirigirnos en esa vía. Los observaremos desde el muelle.

—No... estoy bien —manifesté—. Aunque gracias. ¿Quizás más tarde?

—Por supuesto.

—Así que, Jack, es decir, en serio...

Me llevé la mano a los ojos, sombreándolos otra vez hacia las tres figuras que se nos acercaban lentamente. Meneé la cabeza en asombrosa incredulidad y miré al hombre que había convocado esta reunión.

—¿Creen ellos realmente que algo podría estar mal?

—¿Recuerdas la primera vez que él desapareció de ti? —preguntó Jack sonriendo.

—¿Estás bromeando? —pregunté extendiendo los brazos asombrado—. ¡Él siempre desaparece! Hasta el día de hoy no sé si está en el pueblo o no.

—Los calmaremos cuando vuelvan —asintió Jack sonriendo, luego señaló hacia la casa—. Veo a Mary Chandler en el extremo de nuestro muelle. Está hablando con alguien por su celular, pero no es conmigo.

El hombre sacó el celular y sonrió, haciéndome reír también.

—¿Estás seguro de no querer dirigirte a la casa?

—Gracias, pero estoy cómodo —expresé, como si estuviera regresando a una suite del Grand Hotel.

Como para demostrar cuán agradable era el lugar, me recosté en el tronco. Después de un momento Jack hizo lo mismo. Ambos miramos a los tres. Se estaban acercando firmemente. Sin quitarles la mirada de encima, sonreí.

—¿Cuál de ellos pensó que él se pudo haber ahogado?

—Christy —respondió—. Para cuando Baker y yo volvimos aquí, ella y Sealy ya habían llamado al 911 desde la casa de uno de mis vecinos. Tú conoces a Hoss Mack...

Asentí con la cabeza, reconociendo que yo conocía al popular comisario.

—Bueno —continuó Jack—. Inmediatamente llamé a Hoss. Por suerte lo agarré antes de que pusiera en marcha la flotilla.

Ambos estábamos riendo en ese momento.

—Santo cielo —declaré—. *Sabes* que si empiezan a dragar la bahía buscando su cuerpo, el anciano habría aparecido. Él no habría podido resistirlo.

—Tal vez habría flotado junto a una de las barcas, y cuando ellos se hubieran agachado para agarrarlo, ¡el hombre habría rodado y saludado! —exclamó Jack agarrándome el brazo.

Entonces caímos en la arena, riéndonos hasta más no poder. Este era un vínculo insólito entre Jack y yo, teniendo en común al anciano, y creo que ambos disfrutamos el momento en una manera que nadie más podría haberlo hecho.

—¿Sabes, Jack? —exclamé mientras intentaba enderezar la espalda—, siempre me he preguntado por qué aquí en Eastern Shore todos ustedes los llaman «muelles». Como «este es mi muelle», o «mira el muelle...».

—¿Cómo los llamas? —inquirió Jack.

—Desembarcaderos. Nosotros decimos «encontrémonos en el desembarcadero», «hicieron un buen trabajo en ese desembarcadero». Aquí lo llaman muelle. En Orange Beach es un desembarcadero. Y estamos a solo cuarenta y cinco minutos de distancia. Mismo estado. Mismo condado, incluso.

—Yo nunca había pensado en eso —dijo Jack, mirando a nuestros amigos que se acercaban más y más—. Espera hasta que los veas de cerca. Parecen que hubieran venido de una guerra.

—¿Qué quieres decir? —pregunté frunciendo el ceño.

—Ah... lo siento. Olvidé que no lo sabías —respondió mirándome, entonces se volvió y señaló hacia la carretera y el bosque a lo lejos—. En algún momento en medio de la noche, el anciano los llevó por allí. Vinieron desde el antiguo cementerio y atravesaron *eso* en la oscuridad.

Entonces hizo una pausa como para tratar de capturar un pensamiento que le había revoloteado en la conciencia por un momento, solo para que el pensamiento se alejara danzando y fuera de alcance.

—He estado allí a la luz del día y creí que nunca saldría. Ellos están arañados y cortados en pedazos.

—¿Por qué los traería él por allí? —pregunté sin entender.

—Por el jubilee —explicó Jack mirándome con una extraña expresión.

Yo tenía el ceño fruncido. Nada de esto tenía algún sentido.

—Jack, ¿has presenciado un jubilee? —indagué, y él negó con la cabeza—. No, y yo tampoco ni mi esposa o ninguno de nuestros amigos. *Tú* no has visto uno, ¡y vives en la playa donde se llevan a cabo! Ahora, ¿cómo diablos estos chicos vienen por aquí en medio de la noche y resulta que ocurre uno?

Miré a la redonda.

—E imagino que se las arreglaron para atrapar algunos lenguados. Puedes oler el pescado. Hay camarones por todo el suelo, así que debieron haber derramado algunos desde el balde que consiguieron en alguna parte. Sencillamente no entiendo. ¿Cómo es posible para cualquier persona que le suceda un jubilee? ¿Cuáles son las posibilidades?

Cuando hice una pausa, Jack había inclinado la cabeza hacia el costado y me miró a través de ojos entrecerrados.

—No les ocurrió simplemente.

—¿Qué?

—Él los envió al agua, y los tenía espaciados... —explicó Jack, y se volvió a interrumpir.

—Ah, vamos —me mofé, mientras un indicio de irritación comenzaba a aparecer—. ¿Los tenía espaciados? ¿Los tenía espaciados y qué?

—Eso es lo que me dijeron —expresó Jack tranquilamente—. Al parecer el anciano los espació, y cinco minutos después los mariscos estaban en el agua, un jubilee ocurrió alrededor de ellos.

Jack sonrió y metió la mano en el bolsillo, sacando un sobre café bastante grande. Los ojos le brillaban igual que los de Jones al sacar lo que obviamente era un papel doblado. Sonreí, viendo una expresión en la cara de Jack que no se ve a menudo en un adulto. Pero la reconocí. Su aspecto era el de un niño de sexto grado a quien alguien acababa de llamarlo mentiroso. Ahora ese chiquillo había congregado a todos en el patio de recreo y estaba a punto de probar que lo que había dicho era verdad.

El hombre levantó el papel para que yo lo viera y lo retorció entre el pulgar y los dos primeros dedos. El papel, los papeles, se extendieron en la forma en que lo hacen quienes juegan a las cartas. Fuera lo que fuera que Jack sostuviera en la mano, ahora vi que eran tres. ¿Pero tres qué?

Jack siguió sosteniendo los papeles, pero puso la mano detrás de su espalda y pareció cambiar el tema.

—Ellos tenían sacos de malla plástica —declaró, abriendo los ojos de par en par—. Tenían muchos sacos de plástico. No tenían un balde, Andy. Cuando el anciano los espació en el agua, ellos tenían sacos plásticos con sus nombres en las etiquetas. Cada uno tenía una red, una malla, y una luz. Estuvieron en el agua antes de que sucediera. Estaban preparados.

Jack me acercó a una zona plana de pasto.

—Aquí es de donde vinieron a llevarse los sacos. Esos camarones en el suelo sencillamente cayeron de los huecos en los sacos.

Él me miraba con atención poniendo esa mirada arrogante de niño de sexto grado después que ha demostrado su punto.

—Yo simplemente... es demasiado, ¿no es así? Incluso para ti y para mí, quiero decir. Y sabemos... Bueno, es asombroso y típico al mismo tiempo —balbuceé, aún tratando de procesar la evidencia frente a mí.

—¿Conoces a Carson Kimbrough?, ¿verdad? ¿El comerciante de mariscos? —inquirió Jack; asentí con la cabeza—. Muy bien.

Impresionante tipo. Es más, Carson y Cynde viven a la vuelta de la esquina de nosotros. Bueno, llamé a Carson. Él envió un camión refrigerado y un tipo con balanzas y una chequera. Tomaron todos los catorce sacos.

—¿Se lo vendiste todo? —pregunté asombrado.

—Sí, lo vendí —asintió Jack, riendo—. ¿Qué crees que íbamos a hacer con eso? ¿Limpiarlo y ponerlo en bolsas plásticas Ziploc en el congelador? Eran más de seiscientas libras de camarón y casi novecientas libras de lenguado.

La mandíbula se me había caído en alguna parte cerca de las rodillas. Aún me hallaba más allá de toda comprensión.

—Sí —continuó Jack al ver mi reacción—. Sí, te lo estoy diciendo, ¡nunca había visto tanto pescado y camarón en un solo lugar en mi vida! Aquí... mira.

Por detrás de la espalda sacó los tres papeles y me los pasó.

—Los sacos tenían nombres en ellos —informó Jack—. Hice que el empleado de Carson los pesara separadamente y girara los cheques de acuerdo a los nombres que estaban en los sacos. Mira...

Hizo un gesto ante los cheques mientras yo abría el sobre.

—Solo hay nombres de pila, pero es un banco local, y si fuera necesario, Carson puede añadir los apellidos antes de que ellos los cobren.

—¿Cuánto conseguiste por todo eso? —pregunté, asombrado otra vez.

—Solamente le dije que les pagara la mejor tarifa que pudiera —contestó Jack—. El lenguado estaba entero, así que pagó a $2,50 la libra, y los camarones eran enormes. Así que lo pagó a $6,25 la libra. Imagino que es un buen precio...

—Ellos se van a desmayar —comenté—. Hiciste algo bueno aquí, Jack. Estas personas lo necesitan.

Volví a revisar los cheques antes de entregar el sobre. Había empezado a hacer las matemáticas en mi mente cuando Jack me dijo los pesos y el precio por libra, solo quería tener una idea, pero comprendí que el total completo estaba separado nítidamente en mis manos.

El cheque de Christy era por $1.824,50. El de Baker era grande por $2.512,50, y su esposa había ganado $1.505. Yo estaba seguro de que ellos estarían felices, pues también sabía que los tres se hallaban apretados económicamente y esperé que esto fuera lo que necesitaban.

Mis pensamientos divagaron hacia el anciano. Una vez más me asombré ante lo que sucedía una vez que él comenzaba a impartir guía y perspectiva.

—¿Sabes, Jack? Jones me dijo en una ocasión que la sabiduría no se puede despreciar. Él explicó: «Se le puede acallar, se le puede hacer caso omiso, pero no se le puede despreciar. La sabiduría aumenta a medida que la buscas y la añades a tu vida, pero si realmente quieres verla florecer... si deseas verla brotar y crecer... debes plantar una semilla de ella en la vida de otra persona».

Jack pensó en eso antes de asentir lentamente.

—Otra referencia de semillas —observó—. Una vez hace mucho tiempo le oí decir que él plantaba semillas a menudo y con generosidad, pero que esas semillas solo crecían hasta la madurez en una tierra que se cuidaba con diligencia.

Entonces Jack levantó la cabeza y se volvió para mirarme a los ojos.

—Existen muchas cosas que me gustaría saber respecto a él. ¿A dónde va? ¿Por qué no se queda? —continuó, y aún con la mirada fija en mí dijo irónicamente—. ¿Dónde está ahora mismo?

—Según él —añadí, encogiéndome de hombros—, él siempre está cerca.

—Lo creo —asintió Jack.

—Yo también —manifesté—. Es más, cuento con ello.

Nos pusimos de pie y saludamos a Baker, Sealy y Christy, quienes finalmente habían llegado a nuestro lugar en la playa. No parecían estar increíblemente cansados, considerando lo que habían experimentado. Baker, en particular, parecía muy animado. Jack observó lo mismo, lanzándome una cuestionadora mirada que parecía indagar: *¿Qué pasa con Baker?*

Mientras hablábamos me aumentaba la curiosidad respecto a Baker. Parecía que Sealy y Christy también estaban de alguna manera desconcertadas con el comportamiento del hombre. No actuaba cansado en lo más mínimo. En realidad, todo lo contrario era el caso. Baker estaba excesivamente orgulloso, casi eufórico, y yo no estaba seguro de cómo interpretar su estado de ánimo.

Jack les entregó los cheques, y fue asombroso estar allí para observar. Christy lloró con alegría, y pronto todos nos habíamos unido a la celebración con lágrimas en nuestros ojos. Los tres nos contaron la historia de lo que había sucedido en medio de la noche, antes del alba, incitándose entre sí, riendo y maravillándose ante momentos específicos que recordaban y que recordarían para siempre.

Jack les preguntó si estaban convencidos acerca de que Jones estuviera seguro, y nos aseguraron que sí. A su vez les afirmamos que estaban en lo correcto en cuanto a esa valoración. Jones regresará, les manifestamos.

—Sí —comentó Jack—, confíen en mí. Podría pasar una década antes de volver a verlo. Así y todo, el viejo amigo podría estar tomando una siesta en el asiento trasero esta tarde cuando ustedes suban a sus autos. ¿Cuándo volverá? ¿Dónde aparecerá? ¿Quién sabe? Pero cuenten con esto: lo volverán a ver.

—Él está cerca —añadí, coincidiendo—. Y sí, está muy bien.

Con eso Jack y yo nos miramos y dimos un ligero asentimiento con la cabeza. Juntos habíamos atado verbalmente la situación con un ingenioso lazo. Pensé que Jack había sido elocuente, y que con mi pequeña nota final alcanzaríamos un punto final para todos nosotros. Era el momento perfecto para que nos estrecháramos las manos, nos deseáramos lo mejor, y nos despidiéramos. Estábamos a punto de hacer precisamente eso cuando Baker sintió la necesidad de estar de acuerdo con nosotros.

—Ah, sí —dijo con una gran sonrisa—. Él está bien. ¡Sí! Jones está bien. Está mejor que bien. Él es fabuloso. Esto es increíble, y estoy muy feliz. Nunca he estado tan... Bueno, solo estoy muy feliz de que él esté bien. Y está bien. Absolutamente bien. Grandioso. ¡Sí!

Luego rió.

Esta era una de las cosas más extrañas que yo había visto en mi vida. Jack y yo intercambiamos una prolongada mirada mientras Baker reía. Christy tenía la boca abierta, y sus cejas estaban tan elevadas que amenazaban unirse con la línea del cabello. Miramos a Sealy, quien no había quitado la mirada de su esposo. Era como si ella quisiera preguntar si él había tomado algo, pero sabiendo que no lo había hecho, no lo molestó. Sin embargo, era evidente que la mujer estaba tan desconcertada por el comportamiento de su esposo como el resto de nosotros.

El estado de ánimo de Baker parecía trascendente, una personalidad desbordante, aun más de lo que se podría esperar en tal momento.

Yo simplemente no sabía muy bien la razón.

Había sucedido, todo había terminado, y si lo que él presenciara hubiera durado menos del par de minutos que duró, Baker mismo podría no haberlo creído. Nunca se le había ocurrido tomar una foto con la cámara de su teléfono, pero concluyó que aun con una prueba de lo sucedido, él era la única persona en la tierra para quien esto significaba algo de todos modos.

Cuando había regresado donde estaban los sacos de malla plástica, llenos con camarones y lenguados temprano esa mañana, Baker había acompañado a Jack Bailey, pero su esposa y Christy se habían ido. Las intenciones de él habían sido encargarse de los mariscos inmediatamente, y Jack se había ofrecido a ayudar. En lugar de eso, debió buscar a las mujeres que habían desaparecido.

Jack ofreció encargarse de los mariscos, lo que dejó en libertad a Baker para ir a buscar a las dos mujeres. Las halló en menos de cinco minutos y se quedó perplejo al descubrir que Christy le había dicho a Sealy que llamara al 911 desde la casa de alguien que vivía a varios metros de distancia por la orilla. Ambas estaban convencidas ahora de que Jones no debería haber desaparecido simplemente de esa manera.

Al principio Baker no pensó para nada que le hubiera ocurrido algo al anciano, pero mientras más escuchaba a Sealy y Christy, más verosímil parecía ser alguna posibilidad desastrosa. Se puso en contacto telefónico con Jack, y este lo tranquilizó. Jack también canceló la búsqueda de rescate.

Luego, por supuesto, Baker volvió a donde Sealy y Christy, las oyó hablar y se volvió a poner nervioso. Con los mariscos ya idos, no había razón para que Baker no se uniera a las mujeres en una búsqueda del anciano. Y mientras más caminaban, más conflicto sentía él. Sí, la historia de Jones sugería que la desaparición solo era parte de un patrón establecido por mucho tiempo, pero ese patrón se había establecido hace mucho tiempo con alguien más. Baker no quería tomar riesgos, Jones lo había ayudado, y él era una de las últimas personas que había visto al anciano. El hombre se sentía responsable de alguna manera. Por tanto, a pesar de no haber ninguna clase de evidencia que pudiera haber influido en su opinión de un modo u otro, Baker buscó a Jones.

Habían estado caminando hacia el norte hasta el borde de la bahía por casi noventa minutos, sin señales del anciano, cuando las chicas juzgaron que necesitaban agua. Christy no era tímida y dijo que estaría feliz de tocar una puerta y pedir a un extraño que las salvara de morir por sed excesiva.

Mientras ellas atravesaban un patio trasero y se acercaban a una mujer en el pórtico, Baker subió al muelle y dio algunos pasos allí. No había llegado muy lejos sobre el borde del agua antes de detenerse para mirar hacia atrás en dirección por donde habían venido. Tenía las piernas separadas y los pies firmemente plantados en la cubierta. Agarró la barandilla y comenzó a estirarse un poco. Estaba rígido y dolorido por la actividad de la noche anterior.

Miró por sobre el hombro y vio a Sealy y Christy aún en el pórtico. La mujer ya no estaba allí, así que supuso que había entrado para ir por el agua solicitada. Cuando se volvió para reanudar el estiramiento, Baker saltó y quitó sobresaltado las manos de la barandilla. Mientras su atención estuvo puesta en la casa, un pájaro se había posado en la baranda a solo centímetros de su mano derecha.

Rió brevemente en voz baja y volvió a mirar la casa. Se quedó un poco aliviado al ver que las dos mujeres no se dieron cuenta de su reacción. El ave lo había asustado, y él había saltado casi por completo a través del paseo del muelle, que en ese punto no era muy ancho. Baker rió de nuevo entre dientes mientras volvía a poner bajo control la respiración y sacudía la cabeza, de alguna manera avergonzado por su reacción al sobresaltarse agitando los brazos ante una pequeña ave, algo más apropiado para un cocodrilo a los pies de alguien. Pero el pájaro estaba muy cerca de su mano, y de todos modos siempre se había sentido nervioso al lado de cualquier ave. Y esa, a pesar del frenético movimiento de Baker, no había dejado su lugar en el pasamanos.

—Está bien, pájaro —exclamó en voz alta—, hora de partir.

Agitó la mano hacia el ave.

—¡Fuera! ¡Fuera! ¡Largo! —gritó.

El ave simplemente inclinó la cabeza y dio un par de saltitos. Baker puso las manos en la cadera y frunció el ceño.

El hombre había pescado en la bahía y el golfo la mayor parte de su vida, y sabía que no era extraño que un pájaro cansado se detuviera a descansar en un barco o en la barandilla de un muelle. Volar a través de la bahía (por qué razón en primer lugar un ave haría eso) cansaría a las criaturas. Por eso cuando el ave se posó en el pasamanos al lado de Baker, aunque se había asustado por un momento, no se sorprendió de que el animalito se hubiera detenido a descansar.

Baker cruzó los brazos. El pájaro no parecía cansado. Pensó que las aves casi nunca se posaban tan cerca de los humanos en un muelle. Cuando un barco era su única opción de destino, a menudo se dejaban agarrar y sostener en la mano. Conectado a la costa, un muelle tiene alternativas decididamente más seguras que el lugar de descanso que esta ave había elegido.

El pájaro voló un par de metros desde donde se hallaba y se posó en la barandilla opuesta, pero realizó una clase de pausa en el camino revoloteando en la cara de Baker como si el hombre le obstaculizara el paso. Este se agachó y retrocedió un poco, ahora totalmente nervioso y sin saber si quedarse ahí o no.

Cuando el pájaro comenzó a emitir chasquidos, engullidos, graznidos y zumbidos, Baker se dio cuenta de que se trataba de un estornino. Estaba fascinado, desde luego, habiendo sido significativamente devastado por estorninos, pero sintió curiosidad de averiguar que su ira se había convertido en un extraño agradecimiento hacia esta especie.

Él, Sealy y las chicas... todos estaban más felices en el apartamento con el futuro que planeaban, de lo que alguna vez habían estado en la casa muchísimo más grande. Había concluido que navegar, pescar y cocinar alimentos exclusivos en su propio restaurante móvil al aire libre le atraía mucho más que la agricultura. Sealy se sentía más emocionada de lo que había estado en años. El negocio de almácigos de flores estaba resultando ser una gran idea para ella, para el ingreso familiar, y para el matrimonio.

El pájaro se inclinó hacia Baker desde el pasamanos, chillando como si fuera a contar una historia propia a una audiencia de una sola persona. *Típico estornino* —pensó Baker. El pájaro era de color oscuro, pero resplandecía con un brillo acentuado por un patrón moteado. Al sol del final de la mañana, sus lustrosas plumas del negro más oscurecido parecían pulidas por motas destacadas de verde oscuro.

La idea de agradecer por una época difícil había estado rondando los pensamientos de Baker durante casi una semana. Había concluido que de no ser por los estorninos no habría conocido a Jones. Sentía gratitud hacia el anciano, así que Baker supuso que eso significaba que estaba agradecido por los estorninos. Después de todo, ellos fueron parte del proceso que lo juntó con Jones.

Sealy se había preguntado en voz alta si antes Baker hubiera estado accesible a un tipo como Jones... ¿habría escuchado realmente de no haber sido por tan horrible posición? Tal vez no, había concluido Baker, y de nuevo les dio otro punto a los estorninos.

Se movió más allá del pájaro y se inclinó en la barandilla. El animalito que tenía al frente cotorreaba sin parar. En ese momento Baker pensó en Jones y casi estalla en lágrimas. Se sentía confundido. ¿Se había vuelto a enojar? No, creía que no. Y Jones no estaba herido, ¿verdad? Ni tampoco se había ido, ¿correcto? ¿Era incluso posible, reflexionó Baker, que él pudiera haber tenido la terrible fortuna de finalmente haber encontrado a alguien como el anciano, un hombre que hasta lo llamó «hijo», solo para que lo abandonara? Baker recordó las palabras que Jones repetía a menudo: *estaré cerca. Siempre lo estoy.*

El parloteo del pájaro aumentó. Desde el lugar estratégico de Baker, el pico amarillo brillante contrastaba con el fondo provisto por el agua más oscura de la bahía. El ave se había vuelto molestosa, y por un momento Baker especuló en volver a tratar de espantarla, pero pensó en Jones y no lo hizo.

El estornino aumentó el volumen del parloteo, chasqueando y silbando. Baker miró hacia la casa y quedó consternado al ver que sin duda habían invitado a entrar a Sealy y Christy, porque no estaban a la vista. Miró al ave, que parecía cada vez más frenética, lo que le pareció divertido.

—¿Qué? —exclamó en voz alta a su huésped y meneó la cabeza con entretenido asombro.

Baker cruzó los brazos y volvió a mirar hacia la casa. Deseó que Sealy hubiera salido solo para ver este ridículo pájaro.

En ese instante el estornino decidió dejar de parlotear. Totalmente expuesto el animalito quedó en silencio. Fue un cambio tan repentino que Baker giró la cabeza para ver lo que había ocurrido. El ave saltó con un solo aletazo de alas y se le posó en la rodilla izquierda. La sola fuerza de voluntad evitó que el ex agricultor se fuera hacia atrás sobre la barandilla y cayera al agua debajo.

Baker no se movió, y por un momento tampoco lo hizo el ave. El estornino chasqueó una vez, hizo un suave zumbido, y lentamente levantó las alas. El hombre observaba mientras el estornino, entonces supo que se trataba de una hembra, extendió las alas hasta dejar al descubierto las plumas debajo.

Las alas abiertas del pájaro revelaron ausencia de motas en la parte inferior. Las plumas eran de color negro azabache. Mientras Baker quedaba paralizado, pareció como si una ráfaga de brisa salida de la nada soplara a lo largo del muelle. El estornino se ladeó hacia la brisa mientras sus plumas se agitaban por un instante. Poco a poco, doblando cuidadosamente las alas, el ave miró a Baker, se sacudió una vez, y se fue volando.

El hombre se irguió y sombreó los ojos con una mano para observar volar al ave, que giró y revoloteó a través de corrientes de aire y obstáculos imaginarios y reales. Esto se parecía mucho a su propia vida, pensó Baker. Él también había generado algunos giros y vueltas increíbles. Algunos habían sido buenos, pero otros no tanto. Por mucho tiempo había batallado con una tendencia hacia la depresión, y aunque Sealy no lo sabía, un par de veces había llegado a pensar en el suicidio.

Había experimentado felicidad, igual que tristeza. En su vida Baker había tenido ira, temor, tristeza, amor, anhelos, odio, derrota, gozo, pérdida y centenares más de sentimientos. Él entendía cómo era la esperanza, y también conocía el dolor persistente de la preocupación. Pero nunca, ni una sola vez hasta ahora, había conocido cómo era experimentar la pacífica calma de la certeza.

Estaba abrumado, pero en su mente y corazón ya no había duda de que su vida tenía significado. Tenía propósito más allá de sí mismo, un propósito más allá de hoy, más allá de mañana... ¿Más allá? Sí, también sabía eso porque se le había concedido un atisbo a la verdad genuina.

Una melodía le vagó luego por la memoria... *¿Qué?* —pensó—. *¿Qué es ese antiguo cántico?* Un verso le llegó rápidamente.

—Su ojo vigila al gorrión, y sé que también me observa... —al instante cantó en voz alta.

Baker sonrió y miró hacia el cielo.

—No solamente a los gorriones —musitó en voz baja—. Su ojo también está sobre las demás aves.

Esta era una verdad genuina que nunca olvidaría. Porque Baker Larson acababa de ver una brillante mancha blanca debajo del ala de un estornino hembra.

Epílogo

Poco después de hablar con Christy y los Larson, salí, habiendo declinado la invitación de Jack para almorzar con él. Se me había ocurrido que yo mismo podría buscar a Jones, pero en todo caso estaba consciente de que yo no iba a ser buena compañía. Francamente, a pesar de la alegría experimentada por nuestros tres nuevos amigos, me hallaba triste.

Mientras cavilaba en lo que les había dicho respecto a Jones y la situación, había estado satisfecho de que se hubieran convencido de la seguridad del anciano. Por otra parte, también reconocí el anhelo que disfrutaban, la extraña sensación de asuntos no concluidos, de cosas no dichas. No tuvieron la oportunidad de envolver a Jones en sus brazos y expresarle su gratitud. Nunca consiguieron decir: «Te amo». No hubo tiempo para susurrar un adiós.

Lo entendía. Yo lo había vivido. Esa fue otra de las lecciones que había aprendido de él... una lección que el anciano seguía enseñando.

—El remordimiento es difícil de reparar —me había dicho una noche mientras caminábamos por la playa.

Yo era joven, vivía debajo del embarcadero, y aún albergaba heridas que tenía desde la muerte de mis padres.

—Es algo bastante fácil de evitar —había expresado él—, pero sin duda el remordimiento es difícil de reparar.

—¿Cómo lo evitas? —le había preguntado, pues seguramente eso era lo que él quería que yo hiciera—. De veras, Jones... ¿cómo puedes evitar el remordimiento?

—No dejes asuntos sin concluir —respondió sencillamente—. Nunca dejes de expresar cosas buenas. Abraza a las personas. Demuéstrales gratitud. Di siempre: «Te amo».

Luego había encogido los hombros.

—Así es como evitas los remordimientos.

—¿De veras? —lo presioné—. ¿Es todo?

Nunca olvidaré... dejó de caminar y se volvió para mirarme a los ojos.

—Sí, hijo. Eso es todo. Creí que lo sabías. Pero quizás ahora mismo no quieras pensar en eso. Un día lo harás. Para evitar tener remordimientos haz, di y expresa toda la bondad que puedas hacer, decir y expresar a quienes amas. Porque vas a descubrir que no siempre hay tiempo para susurrar un adiós.

Mientras conducía con la bahía a mi izquierda, me pregunté si alguna vez había sido congruente en vivir con constantes demostraciones de gratitud. Por eso había decidido que debía vivir sin remordimientos personales aunque no hubiera tiempo para susurrar un adiós.

Sin duda Jones parecía haber desaparecido sin que le hubiera dicho cuánto significaba... para mí y para muchas otras personas. Cada vez que el anciano se iba, aunque siempre lo buscaba con insistencia, yo no podía encontrarlo.

Cuando el muelle de Fairhope apareció a mi izquierda, giré a la derecha y conduje colina arriba. Estacioné en lo alto y miré atentamente la antigua casa donde había aprendido tanto solo unos días atrás cuando Jones me explicó la belleza de «la primera respiración». Salí del auto, entré al patio y permanecí debajo del enorme roble. Recordé los sentimientos que había tratado de ordenar la vez pasada que estuve allí. Ahora estaba tratando de resolver una clase diferente de sentimiento.

Mientras pensaba en las personas que había conocido últimamente, aquellos que también habían experimentado más que una pasión pasajera con el anciano, me pareció que los problemas de todos ellos se habían solucionado. ¿Era yo el único en el grupo sin una respuesta?

Christy había chillado de alegría cuando Jack le entregó el cheque por los mariscos. Nos decía una y otra vez que era exactamente lo que necesitaba para comprar la cámara de sus sueños. Baker y Sealy también estaban llenos de alegría por la bonanza económica, y se encontraban decididos a comenzar sus negocios sin deudas.

Jack y Mary Chandler continuamente creaban más maneras de añadir valor a las vidas de aquellos con quienes trabajaban y vivían. Las vidas de Bart y Kelli al parecer también habían tomado una nueva dirección. Antes de dejar a todos en la bahía, yo había activado un mensaje de correo de voz de parte de Bart, dejado en mi teléfono celular. Me había preguntado con gran emoción si yo estaría interesado en asistir a su primera clase de crianza de hijos. Explicó que él y Kelli estarían enseñando en el centro comunitario de Eastern Shore, y que hasta ahora se habían inscrito treinta y una personas. Yo ya había llamado a Polly, y estábamos haciendo planes para ir juntos.

Por tanto, ¿era yo el único en el grupo sin una respuesta al problema más urgente de su vida? Al parecer sí; sin embargo, me las había arreglado para reír, recordando que Jones me diría que lo que yo necesitaba no eran respuestas sino perspectiva.

Desde luego, ese fue el momento en que me di cuenta. Miré otra vez hacia la casa y sonreí ampliamente cuando las piezas del enigma en mi cabeza comenzaron a juntarse. Con una historia de nacimiento Jones había explicado la muerte, y en el proceso se las había arreglado para quitar gran parte del miedo de la ecuación.

Jack había mencionado la enorme perspectiva que el anciano le había dado a Mary Chandler en cuanto al Alzheimer. Vi las oportunidades creadas por pensar de modo diferente. Había oportunidades financieras y oportunidades de llegar a ser la clase de padre o líder que moldearía cultura.

Meneé la cabeza y pensé en Jones en alguna parte, caminando, riéndose de mí. Debió haberse asombrado de mi incapacidad para ver lo que estaba frente a mí. Ahora yo comprendía que la verdad era que cada día de vida, de la cual todos somos parte, es muy emocionante.

Si soy capaz de mantener abiertos ojos y oídos, un día de veinticuatro horas contiene drama innegable, sorprendentes posibilidades, y la certeza de influir en las vidas de otros.

Recordé un comentario que Jones había hecho una noche antes de que me quejara de la condición de nuestra nación y nuestro mundo. El anciano me había recordado que, o bien creamos nuestra cultura, o cedemos ante la cultura que ya existe.

—Mira aquí, ahora... ¿qué es lo primero que haces al entrar en un cuarto oscuro? —había inquirido.

Prendes el interruptor de la luz, por supuesto, e inmediatamente el cuarto ya no está oscuro.

—La luz siempre triunfa sobre la oscuridad. Siempre lo ha hecho y siempre lo hará —había continuado Jones mientras sus ojos azules se clavaban en los míos—. Por consiguiente, si ves que tu mundo se está oscureciendo... si crees que la cultura de tu nación cada vez es más tenue durante el año... ¡no culpes a la oscuridad! La oscuridad solo está haciendo lo que sabe hacer.

»Si la oscuridad está ganando las batallas, mi amigo, es porque la luz no está haciendo su trabajo. Tú eres luz. Por tanto, despierta. Despierta. ¡Despierta!».

Mientras me alejaba, llamé a Matt por mi teléfono celular y le dije que mi manuscrito estaría listo en siete días. También le advertí que no habría allí ninguna historia fantástica. Nada de espías, guerras o intriga. Este libro sería un documento de la vida cotidiana, y el héroe de la obra sería un anciano.

Es hora de despertar —pensé.

Me quedé en el auto e imaginé a Jones bajando la colina hacia la bahía. En mi mente el hombre giró hacia el este y finalmente salió de la vista un par de minutos más tarde. Es más, la escena fue tan clara que por un momento no tuve la seguridad de haberla imaginado o no.

Como de costumbre, no había habido tiempo para susurrarle un adiós, pero en la mente abracé fuertemente a mi viejo amigo entre los brazos. Lo sostuve más tiempo del que él quiso, pero pude expresarle mi gratitud y decirle cuánto lo amaba y apreciaba. Fue un momento importante para mí. Fue una conexión que yo necesitaba y que sentí profundamente.

Y, desde luego, quise captar todo lo dicho, porque en realidad no sabía cuándo exactamente volvería a ver al anciano. No que me preocupara al respecto. Sabía que Jones estaría cerca si yo lo necesitaba.

Siempre lo estaba.

Reconocimientos

S i alguna vez me oíste hablar de un libro que he publicado, sabrás que casi siempre uso «nosotros» en lugar de «yo». De igual manera, acabamos de publicar *Perspectiva*. Créelo o no, no hablo así porque tenga múltiples personalidades. La realidad es que nada de esto sería posible sin el apoyo de amigos y familiares que componen mi equipo. Todo lo que hago es realmente una parte de un esfuerzo mucho más grande de nosotros. Las siguientes personas son quienes conforman ese nosotros. Gracias a todos por su presencia en mi vida:

Polly, mi esposa y mejor amiga. Gracias por tu amor, ingenio, paciencia y espíritu alegre.

Austin y Adam, nuestros hijos. Ustedes muchachos son los mejores. Estoy muy orgulloso de lo que están llegando a ser. ¡Recuerden sonreír cuando hablan!

Robert D. Smith, mi administrador personal y campeón. Después de treinta y cuatro años de estar juntos todavía te las arreglas para hacer que cada día valga la pena.

Todd Rainsberger. Tu consejo de «historia» siempre da en el clavo.

Scott Jeffrey. Tu guía y sabiduría nos han mantenido en la dirección correcta durante años.

Duane Ward y todo el equipo en Premiere Speakers Bureau. Nos hemos vuelto tan grandes amigos que a menudo olvido que somos socios.

Gail y Mike Hyatt, una de las mejores parejas que conozco. Si no hubiera sido por ustedes, este libro probablemente no existiría.

Matt Baugher, mi editor de W. A tu sabiduría solamente la supera tu paciencia. Además de ser el mejor en lo que haces, te has convertido en un gran amigo.

Paula Major, mi correctora, cuyo ojo cuidadoso y mente que discierne hizo de este un mejor libro.

Emily Sweeney, Stephanie Newton, Kristi Smith, Tom Knight, Big Jeff Miller y las docenas de personas en W que ayudaron a poner este libro en las manos de tanta gente como fue posible.

Kurt V. Beasley y Brent C. Gray, quienes manejan los derechos legales de toda mi propiedad intelectual.

Sandi Dorff, Paula Tebbe, Susie White y Tommie McGaster, quienes dirigen las partes cotidianas de mi vida. Sin el esfuerzo, la oración y la atención a los detalles de estas cuatro personas, mis propios esfuerzos ni siquiera se acercarían a lo mucho que hemos logrado.

Kristi y Steve Woods, mi hermana y mi cuñado. Toda nuestra familia está agradecida por la presencia de ustedes en nuestras vidas.

Paul «Saul» Fries, Matt Lempert, Chase Neely, Keith Misner, Kyle Martin, Brandon Triola, David Loy y Will Hoekenga, por su asombroso trabajo tras bastidores en la oficina de Nashville.

Peggy Hoekenga, por desarrollar un fantástico currículo para este libro y para todos los demás.

Los Isaacs: Lily, Becky, Sonya y Ben. Su música es una presencia constante en nuestro hogar.

Una gratitud especial para Patsy Clairmont, mi diminuta persona favorita. Mis dos años hablando contigo en estadios fueron los más divertidos que alguna vez he tenido en escenarios. Y al observarte hablar, tomo la mayor cantidad de notas que alguna vez he tomado en cualquier parte. Gracias por tu influencia y ejemplo.

Mi agradecimiento también para Shannon y John Smith por permitirme escribir en su casa calle abajo durante las muchas ocasiones en que mi propio hogar estuvo demasiado ruidoso.

Y a Katrina y Jerry Anderson, Mary Louise y Wil Baker, Vicki y Brian Bakken, Bob Bolen, Sunny Brownlee, Foncie y Joe Bullard, Kayla Carter, Jennifer R. Casebier, Kelly y David Cleere, Robin y Scott Coleman, Diane y Tony DiLeonardi, Gloria y Bill Gaither, Michelle y Brian Gibbons, Gloria y Martín González, Bill Gothard, Donna y Art Holmes, Jennifer y Dave Hooten, Lynn y Mike Jakubik, Brian C. Johnson, Kent Kirby, Deb y Gilbert Little, Nancy Lopez, Mark Lowry, Melanie y Mike Martin, Karen y Alan McBride, Liz y Bob McEwen, Edna McLoyd, Martis Overstreet, Mary y Jim Pace, Glenda y Kevin Perkins, Brenda y Todd Rainsberger, Sharon y Dave Ramsey, Becky y Ted Romano, Barbara Selvey, Claudia y Pat Simpson, Jean y Sandy Stimpson, Dr. Christopher Surek, Maryann y Jerry Tyler, Mary Ann y Dave Winck, Sherry y Richard Wright y Kathy y Mike Wooley. La influencia de ustedes en mi vida es innegable, y su ejemplo es muy apreciado.

CONTÁCTATE CON ANDY

Para interactuar con Andy a través
de Facebook y Twitter, visita
AndyAndrews.com

Maestros, no olviden bajar gratis
su currículo de compañía en
AndyAndrews.com/Education

Para contratar a Andy en eventos empresariales,
llama al
(800) 726-ANDY (2639)